Topos Taschenbücher
Band 239

Anne Conrad

Mit Klugheit, Mut und Zuversicht

Angela Merici und
die Ursulinen

Topos Taschenbücher

Originalausgabe

Die Deutsche Bibliothek – CIP-Einheitsaufnahme

Conrad, Anne:
Mit Klugheit, Mut und Zuversicht : Angela Merici und die
Ursulinen / Anne Conrad. – Orig.-Ausg., 1. Aufl. – Mainz :
Matthias-Grünewald-Verl., 1994
 (Topos-Taschenbücher ; Bd. 239)
 ISBN 3-7867-1760-5
NE: GT

© 1994 Matthias-Grünewald-Verlag, Mainz
Alle Rechte vorbehalten. 1. Auflage 1994
Reihengestaltung: Harald Schneider-Reckels
und Iris Momtahen
Umschlagbild: Ausschnitt von einem Gemälde
(vermutl. 18. Jh.) im Ursulinenkloster Innsbruck.
Mit freundlicher Genehmigung.
Gesamtherstellung: Clausen & Bosse, Leck

Inhalt

Vorwort 9

1. Italien – eine Gesellschaft im Umbruch . . . 15

Krieg und Frieden 15
Die »Theatergesellschaft« 18
Eine neue Frömmigkeit 20
Laien, Kleriker – und Frauen 23

**2. Zwischen Askese und Weltoffenheit –
Angela Merici** 27

Legende oder Geschichte? 27
Die Heimat am Gardasee 31
Salò – Angela Terziaria 34
Brescia – das »kleine Rom« 39
Die »Gesellschaft der göttlichen Liebe« . . . 42
Der Alltag in Brescia 44
Die Pilgerfahrt ins Heilige Land 47
Venedig, Rom und Mailand 50
Mantua und Varallo 53
Cremona 54

**3. »Weder Mann noch Mauern« –
die Gründung der Ursulinen** 57

November 1535 57
Eine neue religiöse Lebensform 62

Sankt Ursula – eine Heilige als Vorbild . . . 66
Selbstbewußt und unabhängig – das Vermächtnis . 69
Die letzten Tage 74

4. Neue Zeiten – neue Aufgaben 78

Die erste große Krise 78
Die »Väter vom Frieden« und die Christenlehre . . 81
Von Mailand nach Avignon 85
Ursulinen als »Jesuitinnen«? 89
Klausur und viertes Gelübde 92
Von der Laienbewegung zum monastischen
Orden? 95

**5. Schulen und Pensionate –
die Ursulinen als Lehrerinnen** 99

Schwierige Anfänge 100
»Schier den Jesuiten gleich« 105
Der Unterricht: Tugend und / oder Gelehrsamkeit . 107
»Vernünftige Erziehung zu guten Bürgerinnen« . . 110
Restauration des Katholischen 117
Kulturkampf 121
Ein reformerischer Aufbruch 125
Zwischen Anpassung und Widerstand 127
Zeit den Neubeginns 130
Die Ursulinen heute 133

Anhang 138

Chronologischer Überblick 138
Föderation deutschsprachiger Ursulinen
(Stammkarten der Klöster) 140
Quellen und Literatur 142

Vorwort

Eine der ältesten Darstellungen Angela Mericis ist eine Miniatur, die sie im Profil zeigt mit erhobenem Zeigefinger – lehrend, vielleicht mahnend? Jedenfalls selbstbewußt und überzeugend. Das kleine Bild befindet sich in der Initiale, mit der eine der ersten gedruckten Ausgaben der von ihr für die *Compagnia di Sant'Orsola*, die »Gesellschaft der heiligen Ursula«, verfaßten »Regel« beginnt. Eine selbstbewußte, offene und sympathische Frau – so wird Angela Merici von ihren Zeitgenossen geschildert.
1806 wurde Angela Merici heiliggesprochen. Sonderlich bekannt ist sie – jedenfalls in unseren Breiten – heute dennoch nicht mehr. In der Öffentlichkeit präsent und wirksam sind jedoch bis in die Gegenwart ihre »Töchter«, die Ursulinen. Als »Lehrorden« haben sie über Jahrhunderte hinweg maßgeblich das Mädchenschulwesen geprägt.
Angela Merici war bereits über sechzig Jahre alt, als sie die »Gesellschaft der heiligen Ursula« gründete. Dies war der Höhepunkt ihres Lebens, der bleibende Ausdruck dessen, was sich in den Jahrzehnten zuvor angebahnt hatte. Die Geschichte Angela Mericis ist daher auch die Vorgeschichte der Ursulinen, deren Selbstverständnis und Anspruch, deren Originalität erst vor diesem Hintergrund verständlich werden. Doch sie ist auch mehr!
Ordensgründerin und Oberin war Angela Merici nur für eine kurze Zeit, ihre letzten fünf Lebensjahre lang. Davor liegt ein langes Leben, über das wir leider viel zu wenig Genaues sagen können. Schon früh setzte die Legendenbildung ein, und die Biographie Angelas, verstanden allein als Vorgeschichte der Ursulinen, wurde nachträglich mit vielen Einzelheiten ausgeschmückt, die wenig über die historischen Fakten, aber viel über die entstehende Angela-Tradition und Frömmigkeit aussagen.

Initiale der Ursulinenregel, gedruckt 1569 bei Damiano Turlino in Brescia.

Doch selbst aus dem wenigen, was historisch greifbar ist, wird deutlich, daß es der Persönlichkeit Angela Mericis nicht gerecht würde, ihre Lebensgeschichte allein als Hinführung zur eigentlichen Geschichte der Ursulinen anzusehen. Angela Merici gehörte zu den herausragenden Frauen ihrer Zeit, wurde wegen ihrer menschlichen Fähigkeiten ebenso geschätzt wie als »geistliche Freundin« und genoß Ansehen auch über die Grenzen ihrer näheren Heimat hinaus – eine schillernde Gestalt, die neugierig macht und auch für moderne Menschen noch Attraktivität besitzt.

In vieler Hinsicht erscheinen Angela Merici und die Ursulinen als das weibliche Gegenstück zu Ignatius von Loyola und den Jesuiten. Beide Orden wurden, unabhängig voneinander, etwa zur gleichen Zeit gegründet, hatten ihren Mittelpunkt zunächst in Italien und entwickelten sich mit der Zeit zu den einflußreichsten Schulorden – die Ursulinen auf weiblicher, die Jesuiten auf männlicher Seite. Daß die Ursulinen dennoch weniger bekannt geworden sind als die Jesuiten, mag nicht zuletzt seine Gründe darin haben, daß für Frauen in Kirche und Gesellschaft, in der Öffentlichkeit überhaupt, andere Regeln galten, andere Möglichkeiten der »Publizität« gegeben und andere Wahrnehmungen ausschlaggebend waren als für Männer.

Eine Biographie Angela Mericis ist also auch ein Stück bislang kaum wahrgenommener Frauengeschichte – die Geschichte einer Frau in der ersten Hälfte des 16. Jahrhunderts, die Geschichte einer religiösen und zugleich weltoffenen Frau, die mitten im Leben stand, sich mit den Fragen und Problemen ihrer Zeit auseinandersetzte und in Kirche und Welt einen Weg suchte, der an die christlichkatholische Tradition anknüpfte, zugleich aber die Impulse der neuen Zeit aufnahm und auf sie reagierte.

Im folgenden soll sowohl die Geschichte Angela Mericis als auch die Geschichte ihrer »Töchter« verfolgt werden:

Im ersten Teil (Kapitel 1 und 2) steht, eingebettet in den zeitgeschichtlichen Kontext, das Leben Angela Mericis bis zum Jahr 1535, dem Jahr der Gründung der Ursulinen, im Mittelpunkt. Im zweiten Teil (Kapitel 3) werden – ausgehend von der Gründung der *Compagnia di Sant'Orsola* und auf der Grundlage der drei von Angela Merici überlieferten Schriften – das Selbstverständnis und der Anspruch der Ursulinen (und damit indirekt auch Angela Mericis selbst) beschrieben. Der dritte Teil (Kapitel 4 und 5) geht schließlich auf die weitere Ausbreitung und Entwicklung der Ursulinen bis in die Gegenwart ein.

Die Ursulinen im deutschen Sprachraum haben die Geschichte ihrer Gründerin vor noch nicht allzulanger Zeit entdeckt. Nachdem 1898 Victoria Neusee, Ursuline in Innsbruck, eine umfangreiche Geschichte des Ordens verfaßt hatte, aus der man auch heute noch wertvolle Hinweise auf Einzelheiten entnehmen kann, hatten vor allem seit den zwanziger Jahren unseres Jahrhunderts anläßlich des vierhundertjährigen Ordensjubiläums Historikerinnen des Ordens begonnen, sich historisch-kritisch mit der Frühzeit der Ursulinen auseinanderzusetzen. Veröffentlicht wurden ihre Forschungen im »Jahrbuch des Verbandes selbständiger Ursulinenklöster« 1926–1937.

Während in den fünfziger und sechziger Jahren dann umfangreiche Darstellungen zur Geschichte der Ursulinen in den romanischen Ländern entstanden, war es im deutschen Sprachraum wieder erst ein Jubiläum, das vierhundertfünfzigjährige Ordensjubiläum 1985, das Anlaß zur Rückbesinnung auf die Anfänge gab. Innerhalb der Föderation deutschsprachiger Ursulinen konstituierte sich ein »Arbeitskreis Ordensgeschichte«, der sich mit der noch kaum aufgearbeiteten Entstehungsgeschichte der einzelnen deutschen Ursulinenklöster befaßt; die Forschungen dazu sind noch im Gange.

Das vorliegende Buch will einen Einstieg ins Thema bieten. Es will Interesse wecken für Angela Merici, eine zu Unrecht in Vergessenheit geratene Frau, aber auch für den Ursulinenorden, der durch seinen Einfluß auf die Mädchenbildung »Frauengeschichte« geschrieben hat.

Herzlich danken möchte ich den Ursulinen, besonders den Mitgliedern des »Arbeitskreis Ordensgeschichte«, die mir Archivmaterial überlassen, viele Hinweise gegeben und immer hilfsbereit für Auskünfte zur Verfügung gestanden haben.

1. Italien – eine Gesellschaft im Umbruch

Italien im 15. Jahrhundert – das *Quattrocento*, Humanismus und Renaissance, eine Zeit des Umbruchs, ein geistesgeschichtlicher Höhepunkt, der die europäische Kultur bis heute geprägt hat: Brunelleschi, Donatello, Botticelli, Piero della Francesca, bis hin zu Michelangelo, Raffael, Leonardo da Vinci und Tizian – die großen, klingenden Namen der italienischen Kunst, gefördert und unterstützt von ihren Mäzenen, von Herzögen und Fürsten wie den Este, Gonzaga, Medici, Sforza, aber auch von Päpsten wie Nikolaus V. und Julius II. Italien erlebte besonders in der zweiten Hälfte des 15. Jahrhunderts eine Zeit kultureller Blüte und – eine Voraussetzung dafür – eine Zeit politischer Ruhe. In mancher Hinsicht war es eine Ausnahmezeit.

Krieg und Frieden

Für die politische Situation Italiens charakteristisch war seit dem Mittelalter die Vielzahl voneinander unabhängiger Mittel- und Kleinstaaten. Vor allem Stadtstaaten wie Mailand, Florenz, Mantua und Ferrara gewannen zunehmend an Bedeutung. Im 14. und 15. Jahrhundert konnten sie ihren Herrschaftsbereich weiter ausdehnen und wurden so allmählich zu Territorialstaaten, ihre Herrscher zu Fürsten; Beispiele in Oberitalien sind die Visconti und – seit 1450 – die Sforza in Mailand, die Este in Ferrara, Modena und Reggio, die Gonzaga in Mantua. Zum mächtigsten Staat in Oberitalien wurde die Republik Venedig. Venedig, ursprünglich nur ein Inselstaat, hatte nach 1400 seine Herrschaft auf ein umfangreiches Territorium auf dem Festland, die *Terra ferma*, ausgedehnt, zu dem auch der östliche Teil der Lombardei mit Brescia und dem Gardasee gehörte. Der westliche, größere Teil der Lombardei gehörte zum Herzogtum Mailand, dem Hauptkontrahenten Venedigs.

Die Konflikte zwischen den einzelnen italienischen Stadtstaaten, die Kämpfe um Macht und Einfluß fanden ihren vorläufigen Abschluß im Frieden von Lodi (1454), in dem – nicht zuletzt, um die gemeinsame Position gegenüber Dritten wie den Sarazenen zu stärken – ein Gleichgewicht der Mächte in Italien vereinbart wurde. In den folgenden vierzig Jahren herrschte denn auch Ruhe, in der die Kultur der Renaissance zu ihrem Höhepunkt gelangte.

Mit dem Einmarsch der französischen Truppen unter König Karl VIII. in Italien 1494, deren Ziel es war, Neapel zu erobern, war die Phase des Friedens vorbei; es begann eine Zeit erneuter kriegerischer Auseinandersetzungen. Italien wurde zum Kampfplatz der beiden großen europäischen Mächte, die je für sich die Vorherrschaft in Italien beanspruchten: Franzosen andererseits, Spanier und Habsburger, die seit 1496 dynastisch miteinander verbunden waren, andererseits. In den italienischen Staaten wechselten wieder die Machtverhältnisse.

Mailand war zwischen 1499 und 1525 immer wieder französisch und kam nach dem Tod des letzten Sforza (1535) schließlich unter die Herrschaft der spanischen Habsburger. Venedig wurde 1508/09 von der Liga von Cambrai, einem Bündnis zwischen Frankreich, Spanien, dem Papst und einigen anderen Herrschern, angegriffen. Es verlor vorübergehend die *Terra ferma* und mußte auf eine weitere Expansion verzichten. 1510 kam es jedoch wieder zu einer Einigung, die den alten Status im wesentlichen wiederherstellte. Die politische Situation insgesamt blieb allerdings unsicher. In den Jahren 1521 bis 1544 führten Franz I. von Frankreich und Karl V. von Spanien-Habsburg vier Kriege um die Vorherrschaft in Oberitalien, aus denen letztlich Karl V. als Sieger hervorging. Im Frieden von Crépy (1544) wurde die Herrschaft des Habsburgers in ganz Italien formell bestätigt.

Für die Bevölkerung hatten diese politischen und kriegerischen Auseinandersetzungen katastrophale Auswirkungen: Wirtschaftskrisen und Teuerungen verschärften die soziale Not, Zerstörung, Plünderungen und Vergewaltigungen durch die das Land durchziehenden Truppen waren an der Tagesordnung; dazu kamen Mißernten und Epidemien. Alles zusammen führte in der ersten Hälfte des 16. Jahrhunderts zu einer Massenarmut und zu kaum noch lösbaren sozialen Problemen. Besonders Städte, in die sich auch jene flüchteten, die auf dem Land kein Auskommen mehr hatten, bekamen dies zu spüren.

Diese wechselvolle Geschichte Oberitaliens ist zugleich auch der Rahmen der Geschichte Angela Mericis. Sowohl die auf ihren Höhepunkt gelangte kulturelle und geistige Blüte, die Italien in den letzten Jahrzehnten bis zur Wende zum 16. Jahrhundert erfuhr, als auch die Bedrückungen, die Not und die Gefahren, die die Kriege im ersten Drittel des 16. Jahrhunderts für die Bevölkerung mit sich brachten, haben ihr Leben wesentlich geprägt und bilden auch den Hintergrund für die Gründung der Ursulinen.

Die Berichte der Zeitgenossen über die vielfältigen Kontakte, die Angela Merici gerade auch zu führenden Persönlichkeiten ihrer Zeit hatte, machen deutlich, wie intensiv sie sich mit den gesellschaftlichen, politischen und geistigen Bewegungen auseinandersetzte. Welche Möglichkeiten hatte sie einzugreifen? Wie konnte sie Einfluß nehmen? Und welche Rolle kam dabei den Ursulinen zu?

Die »Theatergesellschaft«

»Italien war eine ›Theater-Gesellschaft‹...., in der man seine soziale Rolle mit einem gewissen Stil spielen – *fare bella figura* [eine gute Figur machen] – und hart daran arbeiten mußte, ein ›Image‹ aufzubauen, zu wahren und zu schützen« – so charakterisiert der Historiker Peter Burke das Leben in den italienischen Städten: Vieles ist Fassade; Äußerlichkeiten, der äußere Schein spielen eine große Rolle – sehen und gesehen werden. Das Leben fand wesentlich in der Öffentlichkeit statt, wobei allerdings zwischen den Geschlechtern deutliche Unterschiede gemacht wurden: Die Männer trafen sich in den Loggias und Säulengängen oder auf der Piazza, um dort zu diskutieren, zu verhandeln, Geschäfte abzuschließen. Den Frauen war dagegen Zurückhaltung geboten; sie sollten sich aus der unmittelbaren Öffentlichkeit fernhalten und im Haus bleiben; lediglich von den Balkonen aus durften sie das öffentliche Treiben beobachten und so »mittelbar« daran teilhaben.

Ein Schlüsselbegriff der frühneuzeitlichen Gesellschaft war – für Männer wie Frauen – die »Ehre«. In der Theologie kam dies etwa in dem Motto zum Ausdruck, unter das die Jesuiten ihre Spiritualität und ihr Handeln stellten: *ad maiorem Dei gloriam* – »zur größeren Ehre Gottes«. Zunächst jedoch bedeutete »Ehre« öffentliches Ansehen und Anerkennung. Ehre konnte ein Mann gewinnen durch Tapferkeit, aber auch durch eine »ehrbare«, das hieß seinem Stand angemessene luxuriöse Lebensführung; er konnte sie verlieren, wenn er eine Beleidigung hinnahm, aber auch durch den Ehebruch seiner Frau; er konnte sie wiedergewinnen durch Gewalt (beispielsweise im Duell) oder durch das Führen eines Prozesses.

Für die Ehre einer Frau maßgeblich waren demgegenüber sexuelle Integrität, Schönheit und Vermögen. Wichtig wa-

ren Schicklichkeit und die Vermeidung jeglichen »schamlosen« Verhaltens, wobei auch hier der Schein oft wichtiger war als die Wirklichkeit. Ihre Ehre zu verlieren, bedeutete für eine italienische Frau den sozialen Abstieg und ein Leben außerhalb der »normalen« Gesellschaft. Angesichts der wachsenden sozialen Probleme gewann diese Vorstellung in der ersten Hälfte des 16. Jahrhunderts neue Brisanz. In den Städten wurden eigens Häuser gegründet, in denen Mädchen und junge Frauen untergebracht wurden, die – wie es heißt – wegen ihrer Armut und wegen ihrer Schönheit in der Gefahr standen, sei es durch Vergewaltigung oder durch Prostitution, »ihre Ehre zu verlieren«.
Auch Angela Merici war ein Kind ihrer Zeit und wurde mit den Wertvorstellungen und Wertbegriffen ihrer Zeit konfrontiert. Die Ehre einer Frau war in ihren Augen das höchste Gut. So betont sie in der »Regel« für die Ursulinen, daß »nichts gegen Gottes Ehre und die eigene Ehrenhaftigkeit« geschehen dürfe. Andererseits war sie – offenbar mehr als viele ihrer Zeitgenossen – dafür sensibilisiert, das »Theater« zu durchschauen, hinter die »Fassaden« zu sehen und den Oberflächlichkeiten tiefer gehende Alternativen entgegenzusetzen.
Achtung und Anerkennung wurden ihr, wie die Zeitgenossen berichten, vor allem wegen ihrer Spiritualität, wegen ihrer »geistlichen« Begabung entgegengebracht. Sie zeichnete sich aus durch Unbefangenheit im Umgang mit Menschen aus allen Kreisen der Gesellschaft und durch ihre Fähigkeit, ihnen klarzumachen, was das Wesentliche in ihrem Leben ist. Dies galt für den Herzog von Mailand, der sich als ihr »geistlicher Sohn« sah, ebenso wie für die »vielen Menschen«, die zu ihr kamen, um ihr ihre Sorgen mitzuteilen und bei ihr Rat zu suchen, und dies galt ganz besonders auch für die Ursulinen. Die »Gesellschaft der heiligen Ursula« sollte gerade jenen Mädchen und Frauen einen Halt geben, die in der Gefahr standen, aus dem so-

zialen Raster herauszufallen, die sich am Rande der Gesellschaft befanden, weil ihre »Ehre« in Frage gestellt wurde – z. B. weil sie arm waren, arbeiten mußten und nicht so zurückgezogen leben konnten oder wollten, wie es von einer Frau verlangt wurde.

Mit ihrem Anspruch, ihrer eigenen Lebensweise und den Anstößen, die sie für die Zukunft gab, stellte sich Angela Merici also gegen die »Theater- und Fassadengesellschaft« ihrer Zeit und war damit Teil jener Bewegung, die sich – als Reaktion auf die zunehmende Verweltlichung, aber auch in positiver Auseinandersetzung mit den Anforderungen, die an den neuzeitlichen Menschen gestellt wurden – für eine Rückbesinnung auf das eigentlich Christliche einsetzte.

Eine neue Frömmigkeit

Diese religiöse Erneuerungsbewegung ist ebenso wie die zunehmende Diesseitsbezogenheit – geradezu als deren Gegenstück – charakteristisch für die frühe Neuzeit. Ihr Ansatzpunkt war die Kritik an den Mißständen, von denen die »sichtbare« Kirche im Spätmittelalter beherrscht war: die Dekadenz des Papsttums und weiter Teile des Klerus, die Ausgelaugtheit der scholastischen Theologie, die sich offenbar nur noch mit Spitzfindigkeiten befaßte, die Erkenntnis, daß die traditionellen Formen von Kirche und Theologie den Herausforderungen der Zeit nicht mehr gewachsen waren.

Jene Kreise, die um eine Reform und Erneuerung der Kirche bemüht waren, bezogen sich demgegenüber auf die Bibel und das Urchristentum als Maßstab für die christliche Lebensgestaltung und forderten eine neue, »moderne« Theologie. In diesem Sinn entwickelte sich im Spätmittelalter die *Devotio moderna*, eine ursprünglich in den Niederlanden verbreitete Bewegung, die besonders auf eine persönliche, innerliche Frömmigkeit und praktische Nächstenliebe ausgerichtet war und die durch das Thomas von Kempen zugeschriebene Werk *Imitatio Christi* (»Nachfolge Christi«), eines der meistgelesenen Erbauungsbücher überhaupt, bis in die Neuzeit weiterwirkte.

Im 16. Jahrhundert gelangte diese religiöse Bewegung zu ihrem eigentlichen Durchbruch und gewann gleichzeitig eine neue Qualität. Mit der Reformation kam es zum radikalen, geradezu revolutionären Bruch innerhalb der westlichen Kirche, zur Spaltung in verschiedene Konfessionen, die bis heute die Gestalt des Christentums prägen. Es wäre jedoch irreführend, diesen Prozeß der Konfessionalisierung auf die Polarität »evangelisch« und »neu« einerseits und »katholisch« und »traditionell und alt« andererseits zu reduzieren. Auch die katholische Kirche war seit dem 16. Jahrhundert eine andere. Mehr noch als die spätmittelalterliche Erneuerungsbewegung betonte sie die persönliche innere Frömmigkeit und konkrete Zuwendung zum Mitmenschen durch die »Werke der Barmherzigkeit«, die praktische Nächstenliebe, und entwickelte dementsprechend eine neue Spiritualität. Dazu kam, daß in der Auseinandersetzung mit der Reformation das Katholischsein neu überdacht wurde. Aus der Selbstverständlichkeit des Althergebrachten wurde mehr und mehr das bewußte Bekenntnis zu einer bestimmten, sich von anderen unterscheidenden, nämlich der katholischen, Konfession.

Italien, vor allem Oberitalien, war eines der Zentren der katholischen Reformbewegung. Bereits um die Wende zum 16. Jahrhundert, noch bevor es zur Reformation in Deutschland gekommen war, gab es hier eine vielfältige, vor allem von Laien getragene religiöse Bewegung, die sich für eine Erneuerung der Spiritualität und für eine innere Reform der Kirche einsetzte. Zu deren Wegbereiterinnen gehörte auch Angela Merici, die als »geistliche Mutter« und »geistliche Freundin« den Mittelpunkt eines Kreises religiös und spirituell interessierter Männer und Frauen bildete. Die Gründung der Ursulinen manifestiert den Anspruch, innerhalb der Kirche neue Wege zu gehen und eine Spiritualität zu verwirklichen, die der individuellen Freiheit Raum ließ und zugleich das Verhältnis zum Mitmenschen – theologisch gesprochen das Apostolat, die Barmherzigkeit gegenüber dem Nächsten – in den Mittelpunkt stellte. Individuelle Frömmigkeit und sozial orientierte Weltzugewandtheit gingen dabei Hand in Hand.

In diesem Sinn waren Angela Merici und die Ursulinen ungeachtet ihrer Originalität kein Einzelfall. In der ersten Hälfte des 16. Jahrhunderts entstanden gerade in Italien zahlreiche religiöse Vereinigungen, die sich – mehr oder weniger unabhängig voneinander – den gleichen Zielen verschrieben hatten. Bekannt geworden sind vor allem die männlichen Gemeinschaften: Kapuziner (ein Reformzweig der Franziskaner), Theatiner, Doktrinarier, Barnabiten, Oratorianer und – allen voran – die Jesuiten, deren Gründung durch Ignatius von Loyola fast zeitgleich mit der Gründung der Ursulinen durch Angela Merici erfolgte. Jesuiten auf der einen (männlichen) und Ursulinen auf der anderen (weiblichen) Seite wurden in der Folgezeit zu den wichtigsten Trägern der katholischen Reformbewegung und zum Vorbild und Maßstab für zahlreiche weitere Neugründungen von Orden oder ordensähnlichen (»semireligiosen«) Vereinigungen.

Die wesentliche Aufgabe für all diese Gemeinschaften und Einzelpersönlichkeiten war die Seelsorge und die Glaubensvermittlung, im Vordergrund standen Christenlehre und Katechese. Jenen, die kritisch der Kirche gegenüberstanden, jenen, die die traditionellen Glaubenswahrheiten in Zweifel zogen, jenen, die sich vielleicht schon den protestantischen Reformatoren angeschlossen hatten oder dabei waren, dies zu tun, wie auch jenen, die schlichtweg »unwissend« waren, die der Kirche fernstanden, weil sie ihre Lehre im Grunde nicht kannten – all jenen sollte nahegebracht werden, was den christlichen Glauben und die katholische Kirche ausmacht.

Das intellektuelle, bewußte Verstehen und Erkennen der Grundlagen des Glaubens als Voraussetzung für das bewußte, individuelle »Bekenntnis« gewann mit der Herausbildung der Konfessionen im 16. Jahrhundert (dem »konfessionellen Zeitalter«) immer mehr an Bedeutung. Die vielfältigen Formen der Glaubensunterweisung – Seelsorge, Schulunterricht, Katechese, missionarische Unternehmungen – wurden denn auch für die katholischen Reformorden, vor allem für Jesuiten und Ursulinen, zum wichtigsten Betätigungsfeld. Die weiblichen Gemeinschaften widmeten sich dabei besonders der religiösen Unterweisung von Frauen und Mädchen und wurden wegweisend für die Einrichtung eines Mädchenschulwesens.

Laien, Kleriker – und Frauen

Fragt man nach den Möglichkeiten, die Frauen in der Gesellschaft des 16. Jahrhunderts überhaupt offenstanden, so ist diese Entwicklung in zweifacher Hinsicht bedeutungsvoll: Zum einen ist die Einrichtung von Mädchenschulen durch die Ursulinen eine wichtige Etappe auf dem Weg zu einer allgemeinen rechtlichen und sozialen Gleichstellung von Frauen und Männern. Zum anderen eröffnete sich durch die Mitgliedschaft in einer der Reformgemeinschaften für Frauen eine neue Möglichkeit, aktiv und anerkannt und vor allem, ohne daß ihre Ehre berührt worden wäre, an den gesellschaftlichen und kirchlichen Veränderungen mitzuwirken.

Dies war im 16. Jahrhundert keine Selbstverständlichkeit. *Aut maritus aut murus*, »entweder ein Ehemann oder eine (Kloster-)Mauer«, das war das Motto, das die Mehrheit der Zeitgenossen den Frauen vorhielten: Entweder sollten sie heiraten und sich als gute Hausfrau in die Familie ein- und dem Ehemann unterordnen, oder sie sollten sich in ein Kloster zurückziehen und sich vom Geschehen »in der Welt« fernhalten. Beides war für Frauen mit massiven Einschränkungen verbunden, und viele Frauen fühlten sich weder zu dem einen noch zu dem anderen berufen. Die Geschichte Angela Mericis und der Ursulinen zeigt, daß es noch einen dritten Weg gab. Sie zeigt aber auch, wie schwer es war, auf Dauer diesen dritten Weg durchzusetzen und den damit verbundenen Anspruch durchzuhalten.

Ein Meilenstein in dieser Entwicklung war das Konzil von Trient (1545–1563), auf dem der Standort der katholischen Kirche in Auseinandersetzung mit den Protestanten verfestigt wurde. Das Konzil hatte sich das doppelte Ziel gesteckt, einerseits die katholische Lehre, vor allem insofern sie von den Reformatoren in Zweifel gezogen wurde, festzuschreiben und andererseits die notwendige innere Reform der katholischen Kirche auf den Weg zu bringen. Darüber, wie weit es dem Konzil gelang, dieses Ziel zu erreichen, gehen die Meinungen der Theologen und Historiker auseinander. Nicht zu bestreiten ist jedoch, daß mit Trient ein Neuanfang gemacht wurde und daß die katholische Kirche nach Trient in vieler Hinsicht eine andere war als in den Jahrzehnten zuvor.

Für die Frauen in der katholischen Reformbewegung hatte dies höchst ambivalente Auswirkungen. In den ersten Jahrzehnten des 16. Jahrhunderts gab es für Laien, nicht zuletzt wegen des desolaten Zustandes des Klerus, einen recht weiten Spielraum an religiös-geistlichen Entfaltungsmöglichkeiten. Beispiele dafür sind Frauen, die wie

Katharina von Genua, Laura Mignani, Stefana Quinzani oder eben Angela Merici in der ersten Hälfte des 16. Jahrhunderts als spirituelle Führerinnen anerkannt, ja oft verehrt wurden. Nach dem Konzil von Trient kam es jedoch zu einer zunehmenden Klerikalisierung.
Die katholische Reformbewegung, die bis dahin ein vielfältig schillerndes Spektrum an unterschiedlichen Persönlichkeiten und Gemeinschaften darbot und die wesentlich eine Laienbewegung »von unten« war, wurde nun institutionalisiert, verfestigt und zu einer Sache der »Oberen«, der amtlich dazu bestellten Geistlichen. Bischöfe und Priester hielten nun die Fäden in der Hand und versuchten, in ihren Bistümern oder Pfarrgemeinden die Reformbewegung zu organisieren und in feste Bahnen zu leiten. Für die Frauen, denen es »von Natur aus« ja unmöglich war, jemals auf der gleichen Stufe wie die Kleriker zu stehen, bedeutete dies, daß sie ein gutes Stück Unabhängigkeit verloren: Die religiösen Frauengemeinschaften – auch die Ursulinen – wurden nun zwar fest in die offiziell anerkannte Bewegung integriert, gewannen dadurch also an Bedeutung und Gewicht, gleichzeitig wurden sie aber auch der Autorität männlicher Geistlicher unterstellt und zudem mit massiven Klausurvorschriften konfrontiert.
In den Jahren nach dem Trienter Konzil wurde das bis dahin geduldete, oft sogar geförderte Leben der Frauen »zwischen Kloster und Welt« grundsätzlich wieder in Frage gestellt und für alle Frauen, die in religiösen, ordensähnlichen Gemeinschaften lebten, die Klausur gefordert. Doch allen Restriktionen zum Trotz – die Zeit war bereits so weit fortgeschritten, das Selbstbewußtsein der Frauen so gewachsen, daß sie zwar Kompromisse eingingen, sich in ihrer Grundüberzeugung aber nicht beirren ließen. So versuchten sie, den Vorteil der nachtridentinischen Entwicklung, daß nun wenigstens im Bereich der Mädchenbildung und Frauenseelsorge Frauen in die offiziellen Re-

formbemühungen der katholischen Kirche eingebunden waren, für sich nutzbar zu machen. Auch dabei wurde allerdings der Maßstab von den italienischen Bischöfen, Klerikern und Orden vorgegeben; vor allem Rom und Mailand, die Jesuiten und der Mailänder Erzbischof Carlo Borromeo, waren hier wegweisend.

Angela Merici erlebte diese Entwicklung nicht mehr mit. Sie gehört ganz in die erste Phase der Reformbewegung zu Beginn des 16. Jahrhunderts. Ihr Leben und Werk sind geprägt von der spirituellen Freiheit und Unabhängigkeit, die für diese Zeit typisch waren. Die Ursulinen selbst erreichten ihre eigentliche Blütezeit jedoch erst im Zusammenhang mit den nachtridentinischen Entwicklungen – als der weibliche Zweig der Reformbewegung schlechthin, gefördert von Carlo Borromeo, oftmals als weibliches Pendant zu den Jesuiten und mit den gleichen Aufgaben betraut wie diese.

2. Zwischen Askese und Weltoffenheit – Angela Merici

Legende oder Geschichte?

Angela Merici genoß bereits zu ihren Lebzeiten eine besondere Hochschätzung. Sie gehört nicht zu jenen, die – in ihrer Zeit verkannt – erst von späteren Generationen zum Vorbild erhoben wurden, sondern war von Anfang an Mittelpunkt eines Kreises von Frauen und Männern, die ihre menschlichen und »geistlichen« Fähigkeiten bewunderten und sie als heiligmäßige Frau verehrten.
Diese Verehrung hat sich auch in den Quellen, die über ihr Leben erhalten sind, niedergeschlagen: Die historischen Fakten werden vor allem insoweit berichtet, als sie für das »geistliche« Verständnis Angela Mericis wichtig erscheinen. Das gleiche gilt für die im 17. und 18. Jahrhundert entstandenen Biographien: Hagiographie und Historiographie gehen ineinander über; viele Details, die überliefert werden, gehören eher in den Bereich der Legende und frommen Tradition als in den der historischen Fakten. Die wichtigsten Quellen für das Leben Angela Mericis sind die wenigen Hinweise, die sich in den Schriften Gabriele Cozzanos finden, sowie ein Brief des Priesters Francesco Landini und schließlich vor allem die im »Prozeß Nazari« gemachten Aussagen jener Männer, die Angela Merici persönlich gekannt hatten.
Gabriele Cozzano war in den letzten Jahren in Brescia der Vertraute und Sekretär Angelas. Er zeichnete ihre drei Schriften – die »Regel«, das »Testament« und die »Arricordi« (»Ermahnungen«) – auf und setzte sich nach ihrem Tod für die Weiterführung ihres Anliegens ein. Cozzano hatte Rechtswissenschaften studiert und wird als *grammaticus* und *litterarum professor*, also als Sprachkundiger und

Lehrer der Schrift und der Wissenschaften, bezeichnet. Er selbst verstand sich als authentischer Vertreter der Lehre Angela Mericis und blieb bis zu seinem Tod (vermutlich Ende der 1550er Jahre) eng mit den Ursulinen verbunden.
Außer den Texten, die er für Angela aufgezeichnet hatte, sind von ihm drei Schriften erhalten, die er nach ihrem Tode im Zusammenhang mit den in dieser Zeit einsetzenden Streitigkeiten verfaßte, um die Vorstellungen Angelas für die Nachkommen zu verdeutlichen und zur Klärung des Selbstverständnisses der »Gesellschaft der heiligen Ursula« beizutragen. Diese Schriften Cozzanos sind – nach den Schriften Angelas – die ältesten Quellen für die Geschichte der Ursulinen überhaupt. Zur Biographie Angela Mericis finden sich darin jedoch nur wenige Hinweise. Die Erinnerung an die »Mutter« Angela war in den 1540er und 1550er Jahren noch frisch, und es bestand offenbar kein Bedürfnis, ihre Lebensgeschichte aufzuzeichnen.
Dies änderte sich im folgenden Jahrzehnt. Die Distanz war gewachsen, die Vorstellung von der Persönlichkeit Angelas war nicht mehr unmittelbar präsent, sondern mußte denen, die sie kennenlernen wollten, vermittelt werden. In diesem Zusammenhang entstanden der Brief Francesco Landinis und die Dokumentation des »Prozeß Nazari«.
Francesco Landini (1530–1608) gehörte der Gemeinschaft der »Väter vom Frieden« an und war in den 1560er Jahren Beichtvater der Ursulinen. 1566 schrieb er einen Brief nach Mailand an einen Mitarbeiter Carlo Borromeos, in dem er über die Tätigkeit der Ursulinen berichtete und auch einen kurzen Überblick über die Lebensgeschichte Angela Mericis gab. Anlaß war, daß man auch in Mailand eine Ursulinengemeinschaft gründen wollte und daher an Informationen über die Ursulinen von Brescia interessiert war. Zusammen mit seinem Brief schickte Landini auch je ein Exemplar der »Regel«, des »Testaments« und der »Arricordi« Angela Mericis nach Mailand. Für die historische

Forschung geben die im Brief Landinis genannten Einzelheiten über Angela zwar nicht viel her, sie waren jedoch, da der Brief über Mailand hinaus auch nach Frankreich weiter verbreitet wurde, einflußreich für die Bildung der hagiographischen Tradition und die Entwicklung der Angela-Verehrung.

Die wichtigste und ausführlichste Quelle für die Angela-Forschung ist nach wie vor die Sammlung der 1568 im »Prozeß Nazari« zusammengetragenen Zeugnisse. Ein Anlaß dafür war, daß die Ursulinen, die ihre erste große Krise nach dem Tod Angelas bereits hinter sich hatten, nun um eine Neubestimmung des eigenen Standortes bei gleichzeitiger Rückbesinnung auf die Gründerin bemüht waren. Zudem kam es in der zweiten Hälfte des 16. Jahrhunderts in der katholischen Kirche zu einem Aufleben der Heiligenverehrung. Besondere Wertschätzung genossen einzelne Persönlichkeiten der katholischen Reformbewegung: Carlo Borromeo sowie die Jesuiten Ignatius von Loyola und Franz Xaver, die 1610 und 1622 formell heiliggesprochen, doch schon in den Jahrzehnten zuvor als heiligmäßig verehrt wurden.

Auch über Angela Merici berichtete bereits Landini 1566, daß sie »berühmt durch ihre Heiligkeit« gewesen sei und »im Rufe der Heiligkeit« stehe. Wahrscheinlich ist, daß die Ursulinen eine formelle Heiligsprechung Angela Mericis anstrebten und im Hinblick darauf versuchten, möglichst viele Einzelheiten über ihr Leben zusammenzutragen.

Die Initiative ging dabei von Bianca Porcellaga, Isabetta Prato und Veronica Buzzi, drei der führenden Ursulinen, aus. Mit Zustimmung des Bischofs beauftragten sie den Notar von Brescia, Giovanni Battista Nazari, mit der Aufzeichnung dessen, was die Zeitgenossen von Angela zu berichten wußten. Ihm gegenüber erzählten nun vier »Zeugen« unter Eid, was ihnen über das Leben Angelas bekannt war. Drei von ihnen – Antonio Romano, Agostino

Gallo und Giacomo Chizzola – waren eng mit Angela befreundet gewesen, kannten sie sehr gut und berichteten gegenüber Nazari recht ausführlich. Aufgrund dieser Aussagen verfaßte Nazari selbst dann auch eine erste Lebensbeschreibung Angela Mericis.

Die erste gedruckte Biographie, die auch über Brescia hinaus außerordentlich weite Verbreitung fand, schrieb der Jesuit Ottavio Gondi. Sie erschien erstmals 1600 in Brescia, erlebte in den folgenden Jahrzehnten zahlreiche neue Auflagen und wurde auch in andere Sprachen übersetzt. Der Darstellung Gondis – und oft auf ihr fußend sämtliche Biographien Angela Mericis in der folgenden Zeit – war allerdings eher an der Erbauung der Leserinnen und Leser als an der Wiedergabe verläßlicher historischer Fakten gelegen.

Im großen und ganzen gilt dies auch noch für die im 18. Jahrhundert erfolgte systematische Sichtung der Überlieferung und Suche nach weiteren Quellen im Zusammenhang mit dem nun formell durchgeführten Selig- und Heiligsprechungsprozeß. Eine dem modernen wissenschaftlichen Standard entsprechende historisch-kritische Biographie Angela Mericis wurde erst in den 60er Jahren unseres Jahrhunderts von Thérèse Ledóchowska erarbeitet. Wichtige Ergänzungen dazu auf der Basis bislang unerschlossener Quellen haben zuletzt 1986 die italienischen Ursulinen Luciana Mariani, Elisa Tarolli und Marie Seynaeve veröffentlicht.

Die lange hagiographische Tradition macht es zwar weithin schwer, Legendarisches von Historischem zu trennen; an ihr läßt sich jedoch verfolgen, wie man über die Jahrhunderte hinweg versucht hat, sich der Gestalt Angela Mericis, ihrer Spiritualität (oder dem, was man dafür hielt) anzunähern, ohne allzusehr nach den historischen Hintergründen zu fragen. In der Gegenwart haben demgegenüber auch die Ursulinen selbst die historische Angela Merici neu entdeckt – nicht die unnachahmliche und unnahbare Heilige, sondern den Menschen, die gleichermaßen weltoffene und religiöse Frau, die auch für heutige Menschen Vorbild und Maßstab sein kann.

Die Heimat am Gardasee

Desenzano del Garda, gelegen am südwestlichen Ufer des Gardasees, heute eine reizvolle Stadt, die noch nicht allzusehr vom Tourismus vereinnahmt ist, vor 500 Jahren ein bedeutender Marktflecken und Handelsplatz, ist die Heimat Angela Mericis – eine Stadt im Gebiet der Venetianischen Lombardei, jener Gegend in Oberitalien, die im 15. und 16. Jahrhundert geographisch zur (italienischen) Lombardei, politisch zu Venedig gehörte. Die Menschen in Desenzano lebten von der Landwirtschaft und vom Fischfang, vor allem aber vom Handel mit Getreide, das von den Bauern aus Cremona und Mantua geliefert wurde.

Die Familie Merici war erst in der zweiten Hälfte des 15. Jahrhunderts, wahrscheinlich zwischen 1450 und 1470, nach Desenzano gezogen. Vorher war Giovanni Merici, Angelas Vater, Bürger von Brescia gewesen. In Desenzano ist er erstmals im Jahr 1475 sicher nachweisbar: In den Akten der Stadt ist festgehalten, daß er in diesem Jahr in mündlicher Abstimmung unter die Gemeindeglieder aufgenommen wurde. Die Mutter Angelas, Caterina Biancosi, stammte aus einer adligen Familie aus Salò.

Aus den Steuerregistern läßt sich ablesen, daß die Mericis nicht unvermögend waren. Sie besaßen Vieh und einige Felder, und noch 1523 gab Angela in einer amtlichen Erklärung an, daß sie Besitzerin eines Landgutes sei, eines wohl recht ausgedehnten mit Weinbergen bepflanzten Grundstücks, und dafür Steuern bezahle.

Fast alle Einzelheiten über das Leben der Mericis in Desenzano müssen jedoch mit einem Fragezeichen versehen werden. Aus amtlichen Dokumenten wie Steuerlisten und Strafregistern lassen sich zwar einige Details erschließen – vieles bleibt jedoch im Bereich der Hypothese.
Unklar ist bereits das Geburtsjahr Angelas. Den einzigen sicheren Hinweis gibt eine frühe Quelle, die Chronik des Pandolfo Nassino, in der es heißt, Angela sei am 27. Januar 1540 im Alter zwischen 65 und 70 Jahren gestorben. Das Geburtsjahr wäre demnach zwischen 1470 und 1475 zu datieren. Bernardino Faino, der 1672 eine Biographie Angelas verfaßte, nahm aus unbekannten Gründen 1474 als Geburtsjahr an; später legte man – ebenfalls ohne Belege – sogar ein genaues Tagesdatum fest: den 21. März. Dieses Datum ist historisch jedoch unhaltbar.
Sicher ist, daß Angela mehrere Geschwister hatte, mindestens zwei, wahrscheinlich drei Brüder und eine, vielleicht sogar zwei Schwestern. Die Wohnung der Mericis in Desenzano wird nach einer alten Überlieferung an zwei Orten lokalisiert: zunächst unterhalb der Burg, in der heutigen Via Castello Nr. 96, wo sich nach der Tradition das Geburtshaus Angelas befinden soll, und in der »Grezze«, einem außerhalb – einige Kilometer von Desenzano entfernt – gelegenen Landhaus, in das die Familie später gezogen sein soll.
Auch über Angelas Kindheit und Jugend sind nur einige Einzelheiten überliefert, wobei das wenige, das berichtet wird, zum großen Teil legendarische und hagiographische Züge aufweist. Offenbar genoß sie eine – für ihre Zeit nicht selbstverständliche – religiöse Erziehung. Es heißt, ihr Vater habe ihr aus »geistlichen Büchern, die von den Heiligen und Jungfrauen handelten«, vorgelesen. Man kann vermuten, daß sich unter diesen Büchern auch die »Legenda Aurea« des Jacobus de Voragine befand. Die »Legenda Aurea«, eine Sammlung von Heiligenlegenden,

war eines der im Mittelalter und in der frühen Neuzeit bekanntesten und verbreitetesten Bücher. 1474 wurde es in Venedig erstmals in der Volkssprache gedruckt und fand schnell weite Verbreitung. Bis Ende des Jahrhunderts erschienen insgesamt elf Auflagen. Es ist nicht unwahrscheinlich, daß auch die Mericis eine Ausgabe davon besaßen.

Angelas Vater konnte also lesen und besaß Bücher; in einer Zeit, in der nur ein geringer Teil der Bevölkerung lesen konnte, war dies keine Selbstverständlichkeit. Welche Bildung erfuhr Angela in ihrem Elternhaus? Den verstreuten Hinweisen kann man entnehmen, daß sie lesen gelernt hatte, gut lesen konnte und Latein verstand. Sie hatte jedoch wohl keinen systematischen Unterricht erhalten und konnte wahrscheinlich auch nicht schreiben. Die »Schriften«, die von ihr überliefert sind und die alle aus ihren letzten Lebensjahren stammen, hatte sie ihrem Sekretär und Vertrauten Gabriele Cozzano diktiert.

Die meisten weiteren Angaben, die sich über Angelas Kindheit finden, gehören eher in den Bereich der frommen Überlieferung als in den der historischen Fakten. So soll sie Spiele, die an die Liturgie erinnerten, gespielt und bereits als Kind Nachtwachen im Gebet verbracht haben. Schon früh habe sie sich zu einem enthaltsamen und zurückgezogenen Leben der Betrachtung mit Gebet und Bußübungen hingezogen gefühlt. Zusammen mit einem ihrer Geschwister sei sie als Kind auch einmal von zu Hause ausgerissen und »in die Wüste geflohen«, um wie die Einsiedler Buße zu tun und zu beten.

Einen ersten entscheidenden Einschnitt im Leben Angelas, das Ende der Kindheit und Jugendzeit, bedeutete es, als kurz hintereinander ihre Eltern und ihre Schwester starben. Der Tod der Schwester scheint ihr dabei besonders nahe gegangen zu sein. Ihre Gefühle spiegeln sich in einer Vision wider, von der Romano berichtet: »Als sie sich eines Tages auf dem Feld in der Nähe von Desenzano befand und dort ihre gewohnten Gebete für ihre Schwester sprach, da sah sie plötzlich zur Mittagszeit eine Schar Engel in der Luft, in deren Mitte sich die Seele ihrer geliebten Schwester befand, glücklich und frohlockend, dann entschwand in Seligkeit sehr schnell die Engelschar.« Ungeachtet der Unsicherheit, wie diese Vision zu deuten und zu beurteilen ist – sie macht jedenfalls deutlich, daß der Tod der Schwester von Angela als besonders schmerzlich empfunden wurde.

Romano gibt nicht an, wo diese Vision stattgefunden haben soll. In der späteren Tradition wurde sie an einem Ort in der Nähe der Grezze lokalisiert, der »Machetto« genannt wird, an einem Weg, der zu den Wiesen und Feldern führt, die zum Besitz der Familie Merici gehörten.

Salò – Angela Terziaria

Nach dem Tod ihrer Angehörigen kam Angela – inzwischen mit etwa 18 Jahren eine erwachsene junge Frau – zu ihren Verwandten mütterlicherseits nach Salò am Westufer des Gardasees. Die Verhältnisse in Salò unterschieden sich wesentlich von dem zwar nicht armen, aber doch ländlichen Leben, das die Mericis in Desenzano geführt hatten. In Salò fand sich Angela in einem gebildeten städtischen Haushalt wieder, in dem die Lebensweise des vornehmen Renaissancebürgertums selbstverständlich war. Zugleich kam sie hier erstmals in engeren Kontakt mit der katholischen Reformbewegung.

Die Zeitgenossen berichten, Angela habe sich bereits in dieser Zeit von allem Weltlichen ab- und dem geistlichen Leben zugewandt. Als Beispiel wird angeführt, daß sie versucht habe, mit Asche und Ruß ihr blondes Haar dunkler zu machen. Blond war im 15. Jahrhundert die große venezianische Mode, und mit ausgeklügelten Bleichverfahren versuchten die Frauen, ihr Haar blond zu färben. Angela war von Natur aus blond und wollte sich vielleicht demonstrativ gegen diese Mode wenden. Als weiteres Beispiel für ihr Bedürfnis nach Askese wird erzählt, sie habe einen Salat aus besonderen Kräutern mit einer Handvoll Erde bestreut, um ihm seinen Wohlgeschmack zu nehmen.

Modisches Äußeres in Kleidung und Aussehen, gutes Essen, die Liebe zu den schönen Dingen des Lebens – dies war jedoch nur die eine Seite der für die Renaissancestädte typischen Lebensform. Ebenso charakteristisch war die wachsende Bedeutung eines »alternativen« religiösen Lebens, das die individuelle Frömmigkeit wie auch das religiös begründete karitative Tun betonte und sich gegen die maroden kirchlichen Strukturen wandte, gegen die Auswüchse einer verweltlichten Kurie, die um die Wende zum 16. Jahrhundert einen Höhepunkt unter dem Borgia-Papst Alexander VI. erreichen sollte. Die vielfältigen innerkirchlichen Reformbewegungen hatten vor allem in der Oberschicht, im Adel und im gebildeten Stadtbürgertum, großen Zulauf.

Zu den Reformkreisen in Salò gehörten insbesondere die Franziskanerobservanten, ein Reformzweig der Franziskaner, die ein Kloster in Salò und eines auf der Isola di Garda besaßen. Angela schloß sich ihnen an und wurde »Tertiarin«, also Mitglied im Dritten Orden der Franziskaner. Die Dritten Orden waren Laienvereinigungen, die sich im Umkreis der eigentlichen Orden bildeten und eng mit diesen verbunden waren. Ihr Ziel war es, das jeweilige Ordensideal im »weltlichen« Leben, also ohne in den Orden selbst einzutreten und die Gelübde abzulegen, zu verwirklichen. Als Grund für Angelas Entscheidung, Franziskanertertiarin zu werden, gibt Agostino Gallo im »Prozeß Nazari« an, sie habe den Wunsch gehabt, häufi-

ger zur Messe zu gehen, zu beichten und die Eucharistie zu empfangen.
Ein häufiger Empfang der Sakramente war im Spätmittelalter nicht die Regel und gehörte auch zu den Reformforderungen, die zur inneren Erneuerung der Kirche beitragen sollten. In zahlreichen italienischen Städten hatten sich am Ende des 15. Jahrhunderts »Bruderschaften« oder »Gesellschaften« gegründet, die sich besonders der Verehrung – noch nicht einmal unbedingt dem Empfang – der Eucharistie widmeten. Diese »Bruderschaften vom Heiligsten Sakrament« wurden vor allem von den Franziskanern getragen und ihr Anliegen durch die franziskanischen Prediger unterstützt und verbreitet. Indirekt wirkten sie damit auch auf die Möglichkeit eines häufigeren Empfangs der Kommunion hin, wobei »häufig« nicht mit den Maßstäben des 19. und 20. Jahrhunderts zu messen ist. Sowohl die Franziskanerregel als auch die Tertiarenregel schrieben lediglich den dreimaligen Kommunionempfang im Jahr vor, andere Reformgemeinschaften forderten den sechsmaligen. Die Eucharistie monatlich zu empfangen, setzte sich erst in der zweiten Hälfte des 16. Jahrhunderts allmählich durch.
Außer einem intensiveren geistlichen Leben war der franziskanische Dritte Orden in besonderer Weise dem sozialkaritativen Tun, also dem Apostolat und den »Werken der Nächstenliebe«, verpflichtet. Seit dem Mittelalter hatte sich ein fester Katalog von »Werken der Barmherzigkeit« herauskristallisiert, wobei man wie Thomas von Aquin, der maßgebliche Theologe des Hochmittelalters, zwischen sieben »leiblichen« und sieben »geistlichen« Werken unterschied.
Im Anschluß an das Matthäusevangelium (Mt 25,35f) zählte man zu den »leiblichen« Werken: Hungrige speisen, Durstige tränken, Nackte bekleiden, Fremde beherbergen, Kranke besuchen, Gefangene befreien und Tote

begraben. Zu den Aufgaben Angelas als Tertiarin gehörten dabei wohl vor allem der Besuch bei den Kranken und das Totengeleit, die Begleitung der Verstorbenen auf den Friedhof. Die Krankenbesuche wurden infolge der Aufwertung des Sakramentenempfangs seit dem Spätmittelalter üblicherweise mit dem Überbringen der Eucharistie als (letzter) »Wegzehrung« der Kranken verbunden.
Zunehmendes Gewicht gewannen in der frühen Neuzeit jedoch die sieben »geistlichen« Werke: Unwissende belehren, Zweifelnden raten, Trauernde trösten, Sünder zurechtweisen, dem Beleidiger verzeihen, die Lästigen und Schwierigen ertragen, für alle beten. Man könnte diese Aufzählung vielleicht als Kurzformeln für Seelsorge im umfassenden Sinn bezeichnen. Über die Sorge um die leiblichen Bedürfnisse der Notleidenden hinaus, sollte ihnen vor allem im seelischen und geistigen Bereich beigestanden werden. Verständnis und vertrauensvolle Offenheit für ihre Mitmenschen scheint denn auch eine der wesentlichen Eigenschaften Angela Mericis gewesen zu sein. Ihre Fähigkeit, den Fragenden Antworten zu geben und »Wissen« in Glaubensfragen zu vermitteln, aber auch den Rat- und Trostsuchenden beizustehen, sie zu ermuntern und ihnen weiterzuhelfen, wird von den Zeitgenossen immer wieder hervorgehoben.
Allgemein kann man feststellen, daß in der frühen Neuzeit, im Zusammenhang mit der Entstehung verschiedener Konfessionen, die zu einem bewußten und überlegten Bekenntnis herausforderten, und im Zuge der allgemeinen »Intellektualisierung« der Frömmigkeit die »geistlichen Werke der Barmherzigkeit« stärker im Mittelpunkt standen als die »leiblichen«. Man dachte über Frömmigkeit und ihre Formen sehr persönlich nach und suchte nach dem individuell besten Weg; der Glaube und seine Ausdrucksformen sollten intellektuell erfahrbar und nachvollziehbar sein. Angela Merici kam diese Tendenz entgegen.

Vor allem in den Jahren in Brescia sah sie ihre wichtigste Aufgabe im »geistlichen« Bereich, in der Seelsorge.

Im Hinblick auf ihr Entscheidung, in den Dritten Orden einzutreten, ist festzuhalten, daß dessen doppelte Orientierung – kontemplative Frömmigkeit, die ihren Ausdruck in Gebet, Fasten, Beichte und Eucharistie fand, einerseits und die Umsetzung der (vor allem geistlichen) Werke der Barmherzigkeit »in der Welt« andererseits – für sie eine ideale Verbindung darstellte, die ihrem persönlichen Anspruch entgegenkam und ihr weiteres Leben wesentlich geprägt hat.

Ihr Selbstverständnis als Tertiarin wurde auch durch die Gründung der Ursulinen nicht grundsätzlich in Frage gestellt. Sie schickte zwar 1532 eine Bittschrift an den Heiligen Stuhl, daß man sie von ihrer Verpflichtung, nach ihrem Tod in einer Franziskanerkirche bestattet zu werden, entbinde; dennoch verstand sie sich bis an ihr Lebensende als Tertiarin, bezeichnete sich selbst als »Suor Angela Terziaria« (»Schwester Angela Tertiarin«) und wurde später zwar nicht in einer Franziskanerkirche, wohl aber im Tertiarinnenkleid beigesetzt.

Wahrscheinlich um 1500 verließ sie Salò wieder und kehrte nach Desenzano, genauer: in die Grezze, zurück. Man weiß allerdings weder etwas über den genauen Zeitpunkt, noch über ihre Gründe. Möglicherweise lebte sie bei der Familie eines ihrer Brüder. Sie arbeitete auf dem Feld und übernahm die anfallenden Hausarbeiten.

In dieser Zeit soll auch eine zweite Vision Angelas stattgefunden haben, von der Francesco Landini in seinem Brief von 1566 berichtet und die in der Tradition als die Berufungsvision Angelas gedeutet worden ist: Angela hatte mit anderen Frauen auf dem Feld gearbeitet und zog sich, als die anderen zum Essen gingen, zum Gebet zurück. Da erschien ihr »eine wundervolle Prozession von Engeln und Jungfrauen, die aus dem geöffneten Himmel hervorkamen, eine Reihe je zu zweit«; unter den Jungfrauen habe Angela auch ihre verstorbene Schwester erkannt, die ihr voraussagte, »daß Gott sich ihrer bedienen wolle und daß sie eine Gesellschaft von Jungfrauen gründen werde, welche sich bald vergrößern solle«.

Man könnte diese Vision als eine Art Fortsetzung der ersten Vision auf dem Machetto deuten. Wiederum kommt der verstorbenen Schwester eine besondere Rolle zu. In der Tradition wird der Ort, an dem die zweite Vision sich ereignet haben soll, als der Brudazzo bezeichnet, ein »bewaldeter und einsamer Ort« in der Nähe der Straße von Desenzano nach Salò.

Ob die Visionen tatsächlich so stattgefunden haben – zumindest Landini berichtet ja nur aus zweiter Hand – und wie sie zu verstehen sind, mag dahingestellt bleiben. Bemerkenswert ist, daß sie von Angela selbst nicht besonders hervorgehoben wurden. Weder in ihren Schriften noch in den Berichten Cozzanos wird darauf angespielt. An anderer Stelle wird von einem der Zeugen im »Prozeß Nazari« sogar im Gegenteil betont, wie skeptisch Angela Visionen gegenüberstand: »Sie war übrigens immer gegen Visionen eingestellt und war vor allem denjenigen feind, die sich rühmten, dies oder jenes zu sehen.«

Brescia – das »kleine Rom«

1516 kam Angela Merici – nun zwischen 40 und 45 Jahre alt – nach Brescia, jener Stadt, die zu ihrer wichtigsten Wirkungsstätte werden sollte. Sie kam im Auftrag der Franziskaner und sollte der Witwe Caterina Patengola beistehen, deren Kinder gestorben waren. »Trauernde zu trösten« war eines der »Werke der Barmherzigkeit« und gehörte zu den typischen Aufgaben einer Tertiarin.

Brescia gehörte Ende des 15. Jahrhunderts zu den reichsten Städten Italiens. Es war ein Zentrum der Renaissance, in dem Handwerk und Handel – von besonderer Bedeutung war die Herstellung von Wolle und die Fabrikation von Waffen und Rüstungen – ebenso blühten wie Kunst und Wissenschaft. Die »Brescianische Renaissance« hatte aber auch – wie andere Städte – eine von Bußpredigern und Kirchenreformern immer wieder angeprangerte Kehrseite: wachsende Armut und dekadenter Luxus, »Sittenverfall«, Prostitution und Syphilis. Die Kritik an der Kirche wurde immer lauter, ihre Autorität immer mehr in Frage gestellt, religiöse Bindungen verloren offenkundig mehr und mehr an Bedeutung.

Dazu kam Anfang des 16. Jahrhunderts die politisch prekäre Situation in Oberitalien. Karl V. und Franz I. führten Krieg um Mailand und Oberitalien, beide gemeinsam kämpften gegen Venedig. Nach jahrelangen heftigen Auseinandersetzungen stand Brescia schließlich 1516 unter venezianischer Herrschaft. Als Angela in Brescia eintraf – vermutlich im Herbst 1516 –, hatten sich die politischen Verhältnisse wohl wieder etwas beruhigt, die kirchlich-religiöse Situation blieb allerdings widersprüchlich.

Einerseits war der Klerus stark verweltlicht und durch all das gekennzeichnet, was von den Reformern angeprangert wurde: Anhäufung von Ämtern und Benefizien, die Vernachlässigung der Residenzpflicht durch die Bischöfe und der luxuriöse, dekadente Lebenswandel der Kleriker waren geradezu selbstverständlich. Im Gegenzug verbreiteten sich die reformatorischen Lehren im nördlichen Italien. In Venedig gab es eine geheime Druckerei, die reformatorische Schriften druckte, und im März 1527 kam es zu einer antikatholischen Prozession durch die Stadt.

Andererseits finden sich aber auch vielfältige Formen eines intensiven spirituellen und religiösen Lebens. Nicht zu Unrecht nannte man Brescia das »kleine Rom«. Mitte des 15. Jahrhunderts besaß die Stadt mit 16 000 Einwohnern 70 Kirchen und 50 Klöster. Zur Zeit Angela Mericis, Anfang des 16. Jahrhunderts, bestanden 11 weibliche Klöster mit etwa 3000 Ordensfrauen. Frauen wie die Mystikerinnen Osanna Andreasi († 1505), Stefana Quinzani († 1530) und Laura Mignani († 1525) waren zu Mittelpunkten einer Anhängerschar geworden, die gleichermaßen eine innere (»geistliche«) wie äußere Reform der Kirche anstrebten.

Von grundlegender Bedeutung – und prägend auch für Angela Merici und die Ursulinen – war jedoch, daß die Reformbestrebungen in Brescia wie in den meisten italienischen Städten vor allem von Laien getragen wurden. Dem offensichtlichen Versagen des Klerus stand eine selbstbewußte und sehr engagierte Laienbewegung gegenüber, die von den führenden Persönlichkeiten Brescias und vom Rat der Stadt unterstützt wurde. Mehrfach hatte der Rat Bittschriften nach Rom geschickt und die Rückkehr der Bischöfe, eine verstärkte Seelsorge und die Reform der Klöster gefordert. Darüber hinaus lud er Prediger ein, die auf eine spirituelle Erneuerung hinwirken sollten, und unterstützte die an den Idealen der Reformbewegung orientierten sozialen Einrichtungen wie die Hospitäler und die *luoghi pii* (»frommen Orte«), womit allgemein verschiedene Einrichtungen wie Armenhäuser, Waisenhäuser und Resozialisierungsheime für ehemalige Prostituierte gemeint waren. Zu einem wichtigen Träger dieser Hospitäler und »frommen Einrichtungen« wurde die »Gesellschaft der göttlichen Liebe«, die *Compagnia di Divino Amore*, deren Entstehung in Brescia Angela Merici miterlebte und mit deren Mitgliedern sie bis zuletzt in enger Verbindung stand.

Die »Gesellschaft der göttlichen Liebe«

Die »Gesellschaft der göttlichen Liebe« war 1497 in Genua unter dem Einfluß Katharinas von Genua von Ettore Vernazza gegründet worden und faßte bald auch in anderen Städten Fuß: 1513 in Rom, wo ihr auch hohe Geistliche angehörten wie Gian Pietro Carafa, der spätere Papst Paul IV., und Gaëtan de Thiene, der spätere Gründer der Theatiner, sowie mehrere Bischöfe, um 1525, auf die Initiative des Priesters Bartolomeo Stella hin, dann auch in Brescia. Ihr Ziel war es, »in die Herzen die göttliche Liebe, das heißt die Nächstenliebe, einzupflanzen und zu verwurzeln«. Dazu gehörte zum einen die geistliche Erneuerung durch private Frömmigkeitsübungen, regelmäßige Feier der Messe und Empfang der Eucharistie, zum anderen aber auch – und dies in immer ausgeprägterem Maß – das Tun der »Werke der Barmherzigkeit«.

Das Hauptbetätigungsfeld der »Gesellschaft der göttlichen Liebe« waren in Genua wie auch in den anderen Städten die Hospitäler, besonders die sogenannten »Hospitäler für die Unheilbaren«, die eigens für Syphiliskranke eingerichtet worden waren, die von den anderen Hospitälern nicht aufgenommen wurden, außerdem aber auch Krankenhäuser für Pestkranke, Waisenhäuser, Häuser für »Büßerinnen«, das heißt ehemalige Prostituierte, und Einrichtungen, die sich der Betreuung von Gefangenen widmeten.

Zur Zeit als Angela Merici nach Brescia kam, war besonders Laura Mignani eine der führenden Persönlichkeiten der dortigen religiösen Laienbewegung. Dem Kreis der Männer und Frauen, der sich ihrer geistlichen Leitung anvertraut hatten, stand auch Caterina Patengola, zu der Angela von den Franziskanern geschickt worden war, nahe, so daß es wahrscheinlich ist, daß Angela Merici ebenfalls mit ihm Kontakt hatte oder ihm angehörte.

Seit 1513 bestand eine enge Freundschaft zwischen Laura Mignani und Bartolomeo Stella, der Laura Mignani gebeten hatte, ihn als ihren »geistlichen Sohn« anzunehmen. Eine solche »geistliche« Beziehung zu heiligmäßigen Frauen war in der vortridentinischen italienischen Erneuerungsbewegung keine Seltenheit. Auch Gaëtano de Thiene, der Gründer der Theatiner, war ein »geistlicher Sohn« Laura Mignanis. Eine ähnliche Beziehung bestand zwischen Mitgliedern des Hauses Gonzaga und den Mystikerinnen Osanna Andreasi und Stefana Quinzani. Bartolomeo Stella wurde von Laura Mignani auch in seinem Wunsch, Priester zu werden, unterstützt. Er empfing 1518 in Rom die Priesterweihe, 1520 kehrte er nach Brescia zurück.

In Rom hatte Stella die »Gesellschaft der göttlichen Liebe« und ihre Arbeit kennengelernt, und nach seiner Rückkehr nach Brescia setzte er sich dort für die Gründung eines »Hospitals für die Unheilbaren« ein. 1521 kam es zu einer Versammlung von 300 Beratern, die aus ihrem Kreis 125 »Brüder« wählten, die den »Rat« des Hospitals bilden sollten. Unter ihnen befand sich auch Girolamo Patengola, ein Neffe Caterinas, der auch Angela Merici und den Ursulinen später sehr nahestand. Die formelle Gründung der »Gesellschaft der göttlichen Liebe« erfolgte 1525.

Unter den Namen, die im Zusammenhang mit dem Hospital für die Unheilbaren und der »Gesellschaft der göttlichen Liebe« genannt werden, finden sich etliche, die auch in der Biographie Angela Mericis eine bedeutende Rolle spielen – außer Girolamo Patengola zum Beispiel Agostino Gallo, Giacomo Chizzola und Bartolomeo Biancosi. Zudem war die »Gesellschaft der göttlichen Liebe« zwar eine reine Männervereinigung, parallel zu ihrer Entstehung bildete sich jedoch ein Kreis von Frauen – oft alleinstehende, wohlhabende Witwen –, die ebenfalls in den Hospitälern tätig waren und sich dort besonders um die Frauen und Mädchen kümmerten. Einige dieser Frauen finden sich auch im Freundeskreis Angela Mericis wieder – so etwa Laura Gambara und Isabetta Prato, die später in der Geschichte der Ursulinen eine bedeutende Rolle spielten.

Der Alltag in Brescia

Welche Rolle kam Angela Merici dabei zu? So aufschlußreich die Quellen für Einzelheiten über den Freundeskreis Angelas sind, so sehr schweigen sie in diesem Zusammenhang über Angela Merici selbst. Gehörte sie selbst auch zu den Frauen, die in den Hospitälern tätig waren?
Es gibt keine Zeugnisse, die dies ausdrücklich belegen würden. Andererseits könnte sich dies geradezu als Selbstverständlichkeit nahelegen. Nichts spricht dagegen; da jeder konkrete Beleg fehlt, wäre es aber auch möglich, daß Angela Merici »nur« den geistigen und spirituellen Mittelpunkt der in den Hospitälern tätigen Frauen und Männer gebildet hatte, daß ihre Aufgabe eher deren spirituelle Leitung war. Darauf hindeuten würden auch manche Aussagen im »Prozeß Nazari«: Zum Beispiel kamen die Menschen zu Angelas »andächtigen Gebetsstunden, um den Herrn um verschiedene Gnaden zu bitten«, andere kamen, »um sie über ihr Leben und ihr Wissen zu fragen und sie zu hören«. Es heißt, daß sie »obwohl sie nie die lateinische Sprache gelernt hatte,... das Lateinische beherrschte, und außerdem, obwohl sie niemals die heiligen Schriften studiert hatte, so schöne, gelehrte und religiöse Ansprachen hielt, die manchmal eine ganze Stunde dauerten«. Insbesondere erteilte sie Unterweisungen »über den christlichen Lebenswandel.« Viele Menschen »holten sich bei ihr Rat, sei es wegen eines Testaments oder zur Versöhnung eines Gatten, oder um Töchter und Söhne zu verhei-

raten, oder Ehegatten, die sich durch ihre Hilfe wieder versöhnten, und viele andere, die sich jeder nach seiner Sorge mit ihr berieten. Mutter Angela tröstete jeden, so gut sie es vermochte, so daß ihre Werke mehr von göttlicher als von menschlicher Natur waren.« »Viele Fromme und vor allem auch Prediger und Theologen [fanden] sich bei ihr ein,... um sich bei ihr Erklärungen über viele Stellen der Psalmen, der Propheten, der Apokalypse, des Alten und des Neuen Testaments zu holen.« »Sie predigte allen den Glauben des höchsten Gottes.«
Die Zitate machen deutlich, daß Angela hohes Ansehen genoß und in theologischen und spirituellen Fragen als Autorität anerkannt war. Sie bildete damit den geistlichen Rückhalt, die spirituelle Mitte für jene, die täglich in den Hospitälern aktiv waren. Verstärkt wird dieser Eindruck noch durch die Bedeutung, die die Askese für Angela hatte. Übereinstimmend heißt es in den Berichten der Zeitgenossen, daß sie kein Fleisch, sondern nur Gemüse aß, regelmäßig fastete und eine mehr als anspruchslose Lebensweise führte. Sie schlief nur auf einer Strohmatte, und als Kopfkissen diente ihr ein Stück Holz. Sie widmete sich viel dem Gebet und stand im Ruf, »daß sie ein Leben voll Entsagung, Geistigkeit und großer Heiligkeit führe«. Im »Prozeß Nazari« gab Giacomo Chizzola weiter zu Protokoll: »Auch gab es in ihr nichts Schlechtes, denn sie war frei von Ehrgeiz, von eitelm Ruhm und Zorn. Sie hatte nur Freude an der Demut, an Kontemplation, an einem religiösen Leben, in dem sie streng durch Fasten, Abstinenz, Gebete und Nachtwachen dem Weg und Leben des Herrn folgte.«
Und dennoch wäre es falsch, sich Angelas Leben in Brescia in Weltabgeschiedenheit und Zurückgezogenheit vorzustellen. Mehrfach weisen die Zeitgenossen darauf hin, daß sie viel Besuch empfing, daß immer wieder Menschen sie aufsuchten, um bei ihr Rat und Trost zu finden. Sie unter-

hielt sich mit Theologen und Predigern und hatte enge Kontakte zu führenden Persönlichkeiten aus dem Adel und Bürgertum.

Als sie 1516 nach Brescia kam, lebte sie zunächst einige Monate lang bei Caterina Patengola und zog dann, als sie ihre Aufgabe dort erfüllt hatte, in ein Haus Antonio Romanos. Romano, ein wohlhabender Kaufmann, wahrscheinlich ein Tuchhändler, hatte Angela im Hause Patengola kennengelernt. Rückblickend erzählt er: Es »erfaßte mich eine tiefe Verehrung für sie, und es kam dazu, daß ich sie in eines meiner Häuser aufnahm, damit ich von ihr lernen konnte«. Romano war eine Generation jünger als Angela, geboren zwischen 1488 und 1494, und vielleicht ein Freund der Söhne Caterina Patengolas. Angela blieb in seinem Haus etwa 14 Jahre lang bis zum Jahr 1529. Mit ihm zusammen unternahm sie auch mehrere Reisen: nach Mantua, Rom und vor allem ins Heilige Land nach Jerusalem.

Von bestimmten Aufträgen des Franziskanerordens ist in dieser Zeit nicht mehr die Rede – dennoch mag es sie gegeben haben. Ihr Rolle als geistliche Führerin in weltlichen und spirituellen Fragen war jedoch unumstritten. Nach der Darstellung Romanos war ihr Zimmer ständig belagert von Besuchern – einfachen und hochgestellten Leuten, Frauen und Männern, Laien und Theologen –, die bei ihr Rat, Unterstützung und neue Anregungen suchten.

Die Frage, wovon Angela Merici eigentlich ihren Lebensunterhalt bestritten hat, findet eine erste Antwort bei Cozzano, der die Lebensweise Angelas mit der des Paulus vergleicht: »Obwohl er [=Paulus] mit Fug und Recht von der Verkündigung des Evangeliums hätte leben können, wie andere es taten, hat er doch seinen Lebensunterhalt durch Arbeit verdienen wollen. Genau so ein Leben hat auch die Gründerin dieser Gesellschaft geführt.« Angela hat demnach nicht von Almosen gelebt, sondern sich ihren Lebensunterhalt durch Arbeit verdient, wobei jedoch nicht näherhin gesagt wird, um welche Art von Arbeit es sich handelt.

Möglich und wahrscheinlich ist, daß es Hilfeleistungen im Haushalt, typische Frauenarbeiten, beispielsweise Näh- und Spinnarbeiten, waren, die sie bei den Leuten, bei denen sie wohnte, verrichtete. Ähnliches berichtet der Domherr Jacomo Tribesco aus Brescia: Angela habe ihm einmal erzählt, »daß sie während ihrer Jugend, als sie bei Verwandten lebte [gemeint ist wohl der Aufenthalt in Salò], alle Arbeiten, die die Frauen im Hause tun müssen, wie Mehl sieben, Brot backen, Wasser tragen und vieles andere, auf sich nahm«. Außer durch diese Hausarbeiten bestritt Angela ihren Lebensunterhalt wohl durch die Verpachtung von Land, das sie geerbt hatte. Im Jahr 1523 gibt sie bei den Steuerbehörden an, daß sie Besitzerin eines Landgutes sei, wobei es sich um anbaufähiges, mit Weinbergen bepflanztes Land handele, für das sie 5 Lire Steuern zahle – eine Summe, die auf ein ziemlich ausgedehntes und ertragreiches Grundstück schließen läßt.

Die Pilgerfahrt ins Heilige Land

Eines der aufregendsten Ereignisse in Angela Mericis Leben war sicher die Reise ins Heilige Land, die sie 1524 zusammen mit Antonio Romano und ihrem Vetter Bartolomeo Biancosi unternahm. Pilgerreisen waren zwar im Mittelalter und in der frühen Neuzeit nichts Ungewöhnliches – nicht nur Wallfahrten in die nähere Umgebung, sondern auch große, beschwerliche und gefahrvolle Reisen zu Zielen wie Jerusalem, Rom und Santiago de Compostela hatten eine lange Tradition. Sie bildeten aber immer auch Höhepunkte sowohl im allgemeinen kirchlichen Leben als auch für den einzelnen Christen.

In Oberitalien war Venedig der Ausgangspunkt für eine Reise nach Jerusalem. Die Republik hatte 1510 vom ägyptischen Sultan das Privileg erhalten, jährlich ein Schiff mit Pilgern ins Heilige Land zu schicken. Dieses Vorrecht blieb auch bestehen, nachdem 1517 Palästina unter die Herrschaft des Osmanischen Reichs gekommen war. Die Pilgerfahrt, die 1523 stattgefunden hatte, ist dadurch in die Geschichte eingegangen, daß Ignatius von Loyola an ihr teilgenommen hatte. Einer der Mitreisenden hatte zudem ein Tagebuch geführt, so daß über diese Fahrt recht viele Einzelheiten bekannt sind. Für die Reise, an der im folgenden Jahr 1524 dann Angela Merici teilnahm, sind leider keine so detaillierten Quellen überliefert.
Üblicherweise verließ das Schiff in den Tagen nach Fronleichnam den Hafen Venedigs. Die Ausrüstung des Pilgerschiffes war jedoch häufig mit Schwierigkeiten verbunden, so daß nicht jedes Jahr eine solche Reise zustande kam. Auch 1524 gab es zunächst große Probleme. Die Witterung war ungünstig, Sturm und Regen beherrschten das Frühjahr, und es hieß zunächst, in diesem Jahr sollte von Venedig kein Pilgerschiff auslaufen. Eher zufällig erfuhr dann Romano, der sich beruflich auf der Durchreise in Venedig aufhielt, daß doch noch ein Schiff fahren würde. Er blieb in Venedig und benachrichtigte Angela Merici, die bald darauf zusammen mit ihrem Vetter Biancosi ebenfalls in Venedig eintraf. Insgesamt fand sich eine Gruppe von etwa 50 Pilgern zusammen. Die Tage bis zum Auslaufen des Schiffes ließen Zeit für die letzten Reisevorbereitungen, aber auch für eine Besichtigung der Sehenswürdigkeiten Venedigs. In der Stadt galten die Jerusalempilger traditionell als »heilige Gäste«. Das bedeutete, daß sie bei den Verhandlungen mit dem Kapitän von Mitgliedern des Rates unterstützt wurden und im Prozessionszug an Fronleichnam einen Ehrenplatz hinter dem Dogen und den Gesandten zugewiesen bekamen.

Die Einschiffung erfolgte am Tag nach Fronleichnam. Wie Romano berichtet, verlief die Seefahrt, was die äußeren Bedingungen anbelangte, ohne größere Zwischenfälle. Angela Merici ging es jedoch weniger gut. Bereits auf der Hinreise erkrankte sie an den Augen: Während einer Zwischenlandung im Hafen von Chania an der Nordwestküste Kretas verlor sie »fast vollständig das Augenlicht, vielleicht auf Grund des Seenebels, vielleicht auf Grund der Reisestrapazen«, und wurde »sozusagen blind«, wie Nazari in seiner Vita schreibt. Auf der Weiterreise war sie dadurch zwar sehr behindert, machte aber trotzdem die Führungen zu den Heiligen Stätten mit. Auf dem Kalvarienberg habe sie sich niedergeworfen, lange geweint und mehrmals die Erde geküßt, schreibt Nazari.

Der Aufenthalt von Pilgergruppen im Heiligen Land war bereits seit dem Mittelalter gut durchorganisiert und folgte festen Regeln. Für die Führung zu den Heiligen Stätten in Jerusalem waren traditionell die Franziskaner zuständig. Für die Unterbringung während der Reise standen entsprechende kirchliche Einrichtungen zur Verfügung. Angela Merici übernachtete im Kloster der Tertiarinnen vom Berg Zion; nicht zuletzt weil sie selbst Tertiarin war, lag dies nahe.

Die Rückreise verlief weit schwieriger als die Hinreise. Auf dem Weg von Jerusalem zur Küste mußten die Pilger acht Tage lang in Rama, einem Ort zwischen Jerusalem und Bethel, bleiben – »gewisser Seeräuber wegen, die auf uns lauerten, um uns gefangenzunehmen«, wie Romano berichtet. Bei den Räubern handelte es sich um Araber, die – unterstützt vom Gouverneur von Rama – die durchreisenden Pilger aufhielten und zur Zahlung einer bestimmten Summe Geldes zwangen. Ähnliches hatte im Jahr zuvor auch die Reisegruppe, an der Ignatius von Loyola teilgenommen hatte, erlebt.

Von Jaffa aus ging es dann über Zypern und Kreta mit dem

Schiff wieder zurück. Ein schweres Unwetter brachte dabei die Reisenden in höchste Lebensgefahr. Gemeinsam mit dem Pilgerschiff waren nach dessen Zwischenlandung in Kreta zwei weitere Schiffe ausgelaufen, die beide durch den heftigen Sturm zum Kentern gebracht wurden und untergingen. Das Schiff, auf dem sich Angela Merici und die Pilgergruppe aus Venedig befanden, wurde an die nordafrikanische Küste abgetrieben, konnte jedoch von dort bald wieder abfahren und kam schließlich Anfang November einigermaßen wohlauf in Venedig an. Auch von ihrer Augenkrankheit war Angela inzwischen wieder geheilt – wie Agostino Gallo berichtet, seit dem erneuten Aufenthalt in Kreta während der Rückreise.

Venedig, Rom und Mailand

In Venedig hielt sich Angela zunächst im Kloster der Ordensfrauen vom Heiligen Grab auf, einer Gemeinschaft von Franziskanerinnen, deren Aufgabe es ursprünglich war, Pilgerinnen ins Heilige Land, die auf der Durchreise in Venedig Station machten, aufzunehmen. 1499 hatten sie die Regel des franziskanischen Dritten Ordens, allerdings mit ständiger Klausur, angenommen und seither auf die Aufnahme von Gästen verzichtet. Daß für Angela eine Ausnahme gemacht wurde, lag vermutlich daran, daß sie ebenfalls Tertiarin war und so den Ordensfrauen besonders nahestand. Ihr Aufenthalt bei den Franziskanerinnen war jedoch nur von kurzer Dauer. Angela hatte inzwischen auch in Venedig einen besonderen Ruf, zahlreiche Menschen – »Adelige, Edelfrauen und geistliche Personen« – suchten sie auf, um sich bei ihr Rat zu holen oder einfach nur, um sie zu hören. Die vielen Besucher, der große Andrang störte jedoch die Klausuratmosphäre des Klosters, so daß Angela ins Hospital für die Unheilbaren, das wie alle Hospitäler auch Raum für Pilger hatte, umzog.

Das Hospital, 1522 unter dem Einfluß von Gaëtano de Thiene gegründet, befand sich noch im Aufbau und war, wie aus einem Schreiben Clemens' VII. von 1525 hervorgeht, auf der Suche nach Mitarbeitern. Vermutlich war dies neben dem hohen Ansehen, das Angela in weiten Kreisen Venedigs genoß, ein Grund, daß man sie bat, in Venedig zu bleiben »zum allgemeinen Nutzen der *luoghi pii*«, der frommen Einrichtungen der Stadt. Angela lehnt jedoch ab – schnell entschlossen und sehr rigoros, wie es den Anschein hat. Um dem moralischen Druck des Patriarchen – zu jener Zeit Antonio Contarini – zu entgehen, dem sie sich wahrscheinlich weniger leicht hätte entziehen können, beschloß sie, sofort Venedig zu verlassen, und kehrte, begleitet von den Reisegefährten Romano und Biancosi, nach Brescia zurück. Am 25. November, dem Festtag der heiligen Katharina, kamen sie dort an – ein Tag, dem in der Erinnerung der Ursulinen später eine besondere Bedeutung zukam.

Eine zweite wichtige Reise unternahm Angela vermutlich im Jahr 1525, dem Heiligen Jahr, nach Rom. Sie wollte die Reliquien sehen, die besonders während des Heiligen Jahres in den verschiedenen Kirchen ausgestellt waren. Höhepunkte für die Pilger waren das »Schweißtuch der Veronika«, das jeden Freitag und an allen Festtagen in Sankt Peter gezeigt wurde, und die Häupter der Heiligen Petrus und Paulus, die jeden Samstag in der Lateranbasilika zu sehen waren. Zudem konnte man, wenn man innerhalb von 14 Tagen die vier Basiliken Sankt Peter, Sankt Paul, Lateran und Santa Maria Maggiore besuchte, den Jubiläumsablaß gewinnen.

Den Höhepunkt von Angelas Rombesuch bildete eine Audienz beim Papst, die ihr durch Vermittlung eines Würdenträgers des päpstlichen Hofes, den sie auf der Jerusalemreise kennengelernt und in Rom wiedergetroffen hatte, ermöglicht wurde. Bei dieser Audienz bat auch der Papst sie, ähnlich wie vorher die Verantwortlichen für das Hospital in Venedig, in Rom bei den *luoghi pii*, den frommen Einrichtungen, zu bleiben. Auch hier lehnt sie jedoch ab.

Eine dritte, in dieser Hinsicht parallele Szene wird von Romano noch aus Mailand berichtet. Angela traf dort Ende 1528 oder im Frühjahr 1529 den Herzog Francesco II. Sforza, der sie zum einen bat, ihn als »geistlichen Sohn« anzunehmen, zum anderen, in Mailand zu bleiben. Zum dritten Mal lehnte Angela ab und kehrte nach Brescia zurück.

Aus Sicht des Historikers erscheint diese dreimalige Aufforderung zum Bleiben in Venedig, Rom und Mailand, die zudem nicht von allen Zeitzeugen, sondern nur von Romano so berichtet wird, allerdings eher als hagiographischer Topos, denn als historisch wahrscheinliche Realität. Romano kam es mit seiner Darstellung wohl vor allem darauf an, deutlich zu machen, daß Brescia – und nicht Venedig, Rom oder Mailand – den Mittelpunkt von Angelas Wirken bildete. Aufschlußreich ist aber auch, daß – jedenfalls in Venedig und Rom – die Aufforderung zum Bleiben jeweils im Zusammenhang mit den dortigen *luoghi pii*, den Hospitälern und anderen sozial-karitativen Einrichtungen, fiel.

Ob Angela selbst aktiv in den Hospitälern tätig war, ist eine Frage, die in der Forschung umstritten ist und heute eher verneint wird. Unbestreitbar ist jedoch, daß sie den Hospitälern und den Mitarbeitern dort sehr nahestand. Die von Angela Merici gegründete Ursulagesellschaft erscheint dabei in vieler Hinsicht als weibliche Entsprechung zur männlichen »Gesellschaft der göttlichen Liebe«; darüber hinaus weist sie aber eine Eigenständigkeit und Originalität auf, durch die sie sich deutlich von den zeitgenössischen Bruderschaften und Gesellschaften – auch von der »Gesellschaft der göttlichen Liebe« – abhebt.

Mantua und Varallo

Außer den Pilgerreisen ins Heilige Land und nach Rom unternahm Angela noch drei weitere Reisen: einmal nach Mantua und zweimal nach Varallo.
Nach Mantua reiste sie zwischen 1517 und 1524, wieder zusammen mit Romano. Ziel war das Grab von Osanna Andreasi, einer Dominikanertertiarin und Mystikerin, die 1505 gestorben war. Sie hatte enge Beziehungen zum Hof von Mantua gehabt und als Ratgeberin der Herzöge Gonzaga gegolten. 1514 war der Seligsprechungsprozeß eingeleitet und 1515 ihre feierliche Verehrung erlaubt worden. Die Seligsprechung selbst erfolgte erst Ende des 17. Jahrhunderts, das Grab Osannas in der Kirche San Domenico in Mantua war jedoch bereits im 16. Jahrhundert zu einem beliebten Wallfahrtsort geworden.
1528 oder 1529 und – zusammen mit Agostino Gallo, dessen verwitweter Schwester Ippolita und einer Pilgergruppe – ein weiteres Mal 1532 pilgerte Angela nach Varallo, einem Wallfahrtsort in der Nähe von Vercelli im Nordwesten Italiens. Auf einem Hügel, dem »Sacro Monte«, hatte dort der Franziskaner Bernardino Caimi († 1499), der früher Kustos im Heiligen Land gewesen war, 1491 begonnen, die Heiligen Stätten Jerusalems nachzubauen. Mit zahlreichen Kapellen und Statuen sollte das Leben und Leiden Christi dargestellt werden. Die insgesamt 45 Kapellen waren erst im 20. Jahrhundert vollendet, zur Zeit Angelas bestanden jedoch schon so viele, daß sich die Pilger eindrucksvoll an Jerusalem erinnert fühlten.
Wie einige der frühen Biographen, jedoch keine Zeitgenossen, berichten, besuchte Angela auf der ersten Reise

nach Varallo noch in Soncino Stefana Quinzani († 1530), Gründerin des dortigen Klosters und – wie Osanna Andreasi – stigmatisierte Dominikanertertiarin. Sie hatte nach dem Tod Osannas bei Gian Francesco Gonzaga eine Art »geistlicher Mutterschaft« übernommen und war auch von Ludovico il Moro und Francesco II. Sforza als geistliche Ratgeberin aufgesucht worden. Mehrmals hatte sie sich auch in Brescia aufgehalten, so daß es gut möglich ist, daß Angela, die ja in Brescia eine ähnliche Rolle innehatte, sie kannte und mit ihr in Verbindung stand. – Auf einer der Rückreisen von Varallo soll sich auch das Treffen mit Francesco II. Sforza in Mailand und die dritte »Aufforderung zum Bleiben« ereignet haben.

Cremona

1529 spitzen sich die politischen Verhältnisse zu. Nach dem Frieden von Cambrai vom 3. August 1529 zog Karl V. über Piacenza nach Bologna, um aus den Händen Clemens' VII. die Kaiserkrone zu empfangen. Man fürchtete, daß er Brescia belagern würde, und viele Bürger ergriffen die Flucht. Angela Merici, die bis dahin im Hause Romanos gelebt hatte, ging Ende September 1529 zusammen mit Agostino Gallo, seiner Frau Cecila und seiner Schwester Ippolita, mit der Angela schon seit längerem befreundet war, sowie Girolamo Patengola nach Cremona, wo Gallo ein Haus in der Nähe von San Vittore besaß.
In Cremona befand sich bereits der Hof von Francesco II. Sforza. Gallo berichtet, daß viele Mitglieder des Hofes, Geistliche und Adlige aus Mailand und Cremona Angela aufsuchten. Am 24. Februar 1530 war die Krönung Karls V. in Bologna; Sforza wurde als Herzog von Mailand neu bestätigt, die Familie Gonzaga erhielt den Herzogtitel – eine Zeit der Entspannung und des Friedens begann.

In die Zeit des Aufenthalts in Cremona fällt eine schwere Erkrankung Angelas. Es ging ihr so schlecht, daß ihre Freunde dachten, sie liege im Sterben. Man hatte alle Hoffnung aufgegeben, und Girolamo Patengola verfaßte sogar ein achtzeiliges Epigraph für eine Grabinschrift:

> Die den Namen eines Engels trug und deren Werke und Worte
> wirklich engelgleich waren, ruht unter diesem Stein.
> Als Jungfrau lebte sie in ihrer stillen Zelle
> und kostete dort den wahren inneren Frieden.
> Sie war die Dienerin des Herrn, Ihm folgsam und von Ihm geliebt,
> feindlich gesinnt allem, was den Sinnen schmeichelt.
> Jetzt lebt sie im Himmel, voller Freude, mit Palmen gekrönt,
> glückselig unter den Engeln.

Gallo berichtet von einer geradezu makaber-komischen Situation: Patengola las das Gedicht Angela am Krankenbett vor, worauf diese sich plötzlich aufrichtete, eine halbe Stunde lang über die himmlische Glückseligkeit sprach und anschließend wieder gesund war – zugleich aber auch unglücklich, weil von der himmlischen Glückseligkeit weit entfernt.

Unklar ist, wie lange die Krankheit und der Aufenthalt Angelas in Cremona dauerten. Nach ihrer Genesung und Rückkehr nach Brescia wohnte sie nicht mehr bei Romano, sondern bei Gallo im Stadtviertel San Clemente, wo ihr zwei Zimmer zur Verfügung standen. Später zog sie um, zunächst in die Nähe von San Barnaba, dann in eine Wohnung bei Sant'Afra, die den Chorherren vom Lateran gehörte. Die einzelnen Etappen lassen sich nicht genau datieren. 1532 wohnte sie jedoch wohl bereits bei Sant'Afra. In diesem Jahr beantragte sie bei der dafür zuständigen

Apostolischen Pönitentiarie, von der Vorschrift, sich als Tertiarin in einer Kirche des Dritten Ordens beisetzen zu lassen, entbunden zu werden. Statt dessen wünschte sie sich ein Grab in Sant'Afra oder in einer anderen Kirche, wenn sie für diese eine besondere Verehrung empfinden würde. Ihrer Bitte wurde stattgegeben.

Vielleicht hatte die durch die schwere Krankheit Angelas hervorgerufene Krise eine neue Qualität ihres geistlichen Lebens befördert: eine engere Bindung an eine Kirche und ein bewußteres Eintreten für eine bestimmte geistliche Lebensform, deutlicher als vorher abgegrenzt von dem normalen Leben und auf ein bestimmtes Ziel gerichtet – die Gründung der Ursulinen bahnte sich an.

3. »Weder Mann noch Mauern« – die Gründung der Ursulinen

November 1535

Die Gründung der Ursulinen wird meist an einem bestimmten Datum festgemacht: dem 25. November, dem Festtag der heiligen Katharina von Alexandria, im Jahr 1535. Dieser Fixpunkt, der für das Selbstverständnis der Ursulinen eine zentrale Rolle spielt, darf jedoch nicht darüber hinwegtäuschen, daß die Entstehung der Ursulinen ein allmählicher, wohl über Jahre hin sich entwickelnder Prozeß war.

Seit ihrer Rückkehr nach Brescia hatte das Leben Angelas (wieder einmal) eine neue Wendung bekommen. Sie lebte nun in unmittelbarer Nähe einer Kirche, hatte sich bewußt und erkennbar ein Stück von der Welt zurückgezogen und war – mehr noch als früher – zum geistlichen Mittelpunkt einer wachsenden Anhängerschaft geworden. Die besondere Spiritualität, die sie vermittelte, scheint dabei – vor allem bei Frauen – dem Bedürfnis nach einer neuen Lebensform entsprochen zu haben, einer Lebensform »zwischen Kloster und Welt«, die Weltoffenheit einerseits und eine feste religiöse und organisatorische Bindung an eine Gemeinschaft andererseits gleichermaßen einschloß.

Es liegt nahe zu fragen, wieso die Frauen nicht, wie Angela selbst dies ursprünglich getan hatte, in den Dritten Orden der Franziskaner eintraten. Ein Grund war sicher, daß die Tertiarinnen nicht die Unabhängigkeit genossen, wie sie von Angela und ihrem Kreis angestrebt wurde: Der franziskanische Dritte Orden war eben den Franziskanern angeschlossen und stand unter deren Leitung. Außerdem galten die Tertiaren nicht als gleichberechtigte Ordensleute im eigentlichen Sinn. Wesentlich für die Lebensform, die Angela sich für ihre Gemeinschaft vorstellte, war jedoch gerade dies: sowohl Unabhängigkeit und Eigenständigkeit (was vor allem für eine *Frauen*gemeinschaft in dieser Zeit höchst problematisch war) als auch Anerkennung als »echte« Ordensgemeinschaft mit allen Rechten, die damit verbunden waren.

Seit Anfang der 1530er Jahre entwickelte sich unter den Frauen um Angela ein immer stärkeres Zusammengehörigkeitsgefühl, das unter anderem in regelmäßigen Treffen seinen Ausdruck fand. Treffpunkt wurde das Haus der Isabetta Prato an der Piazza del Duomo. Isabetta hatte einen großen Raum zur Verfügung gestellt, der von den Frauen als Gebetsraum und Versammlungsort genutzt wurde.

Die Ausgestaltung dieses Oratoriums ist aufschlußreich für das Selbstverständnis der Frauen, die sich dort trafen. Es war mit Fresken ausgeschmückt, deren Motive die Spiritualität der ersten Ursulinen widerspiegeln: Hinten in der Mitte des Raumes, sozusagen an der »Altarwand«, befand sich eine Darstellung Christi am Kreuz, umgeben von trauernden Engeln. Daran anschließend folgten weitere Szenen aus dem Leben Jesu und Marias: die Verkündigung an Maria, die Geburt Jesu, die Darstellung Jesu im Tempel und die Himmelfahrt Marias. Die weiteren Fresken zeigten spezifisch brescianische Heilige – Faustinus, Jovita und Afra – sowie Frauen, die in der Ursulagesellschaft offenbar besondere Verehrung genossen: die altchristliche Witwe Paula mit ihrer Tochter Eustochium (vielleicht in Analogie zum Verhältnis der verschiedenen Gruppen – ältere Witwen und jüngere Jungfrauen – unter den Ursulinen), die heilige Ursula sowie die heilige Elisabeth von Ungarn.

Elisabeth, die gleich auf zwei Tafeln dargestellt wird, kam wohl als Namenspatronin Isabetta Pratos besondere Bedeutung zu. Es fällt auf, daß gerade Elisabeth nicht in der

traditionell üblichen Weise dargestellt wird, nämlich nicht von Armen und Kranken umgeben, sondern im Kreis junger Mädchen. Auf der einen Tafel hilft sie den Mädchen beim Spinnen, auf der anderen bedient sie sie bei Tisch. Beides ist sicher eine Anspielung auf die Tätigkeit der ersten Ursulinen, die zwar in den Hospitälern arbeiteten, aber nicht primär mit der Krankenpflege, sondern vor allem mit der sozialfürsorglichen und seelsorglichen Betreuung der Außenseiter, vor allem der Waisen und der »Büßerinnen«, beschäftigt waren. Das letzte Fresko im Oratorium war schon früh so stark beschädigt, daß nicht überliefert ist, was es dargestellt hat. Möglich ist, daß es sich hier um Katharina von Alexandria handelte, die ja für die Spiritualität der Ursulinen ebenfalls eine zentrale Rolle spielte.
Über den großen Tag in der Geschichte der Ursulinen selbst ist nur wenig bekannt. Die Fakten: Am 25. November 1535 fand eine Versammlung statt, gemeinsam feierte man die Messe, anschließend wurden 28 Jungfrauen in die *Compagnia di Sant'Orsola*, die »Gesellschaft der heiligen Ursula«, aufgenommen und schrieben sich in das »Buch der Gesellschaft« ein. Unklar ist, wo diese Versammlung stattfand – vielleicht im Haus der Isabetta Prato, vielleicht auch in der Kirche Sant'Afra. Von Cozzano sind immerhin die Namen eines Teils der ersten Frauen überliefert: »Es waren die jungen Mädchen Simona, die Töchter von Dolza Drusilla, Laura, Andriana, Peregrina und andere. Dann waren da auch die Peschere und Madonna Chiara Gaffura. Die ältesten waren Barbara, Chiara, Margarita, Maria.« In den folgenden Jahren 1536, 1537 und 1538 wurden jeweils am Katharinatag weitere Frauen aufgenommen.
Wer waren die ersten Mitglieder der »Gesellschaft der heiligen Ursula«? Es handelte sich um junge, unverheiratete Frauen aus unterschiedlichen sozialen Verhältnissen. Von

einigen ist bekannt, daß sie als Dienerinnen oder Angestellte in Brescia beschäftigt waren, andere lassen sich als Töchter oder Verwandte bekannter Persönlichkeiten aus dem brescianischen Adel und Bürgertum identifizieren. Unter den ersten Ursulinen waren Töchter von Goldschmieden, eines Gewürz- und Parfümhändlers, von Bäkkern, Pächtern, eines Juristen sowie die Schwester eines Priesters.

Die Frauen lebten auch nach dem Eintritt in die »Gesellschaft der heiligen Ursula« bei ihrer Familie, im Haus ihres Arbeitgebers oder in einer eigenen Wohnung in der Stadt, fühlten sich aber dennoch als Gemeinschaft miteinander verbunden. Aus dem »Buch der Gesellschaft« und aus der »Regel« geht hervor, was zu den regelmäßigen Verpflichtungen der Mitglieder gehörte: Jeden Freitag trafen sie sich zum Kommunionempfang, täglich sollten sie an einer Messe teilnehmen, regelmäßig beichten und einmal im Monat, jeden letzten Sonntag, zusammenkommen, um die »Regel« zu hören.

Die Originalität der Gründung Angela Mericis erschließt sich vor allem, wenn man die »Regel« der Gesellschaft und die übrigen Schriften Angelas näher untersucht. Auf den ersten Blick erscheint die *Compagnia di Sant'Orsola* als eine der in jener Zeit häufig gegründeten religiösen Gemeinschaften, die als »Compagnia«, »Societas«, »Sodalitas« oder »Confraternitas« bezeichnet wurden und eher eine »Bruderschaft« als einen Orden im traditionellen Sinn darstellten. Ihre Mitglieder waren sozial-karitativ – meist in Hospitälern oder »frommen Einrichtungen« – tätig und strebten eine intensivere persönliche Spiritualität an. Der Zusammenhang mit der *Compagnia di Divino Amore*, der »Gesellschaft der göttlichen Liebe«, ist bereits angesprochen worden. Auch die Jesuiten, die sich ebenfalls »Compagnia«, nämlich *Compagnia di Gesù*, nannten, gehören – zumindest was ihren Status in der Frühzeit ihrer Gründung betrifft – in diesen Zusammenhang.

All diese Vereinigungen konnten anknüpfen an die mittelalterlichen Bruderschaften, deren Ziel vor allem die gegenseitige soziale und religiös-geistliche Unterstützung der Mitglieder untereinander war und die seit dem Spätmittelalter damit mehr und mehr auch karitative Aufgaben verbanden. Die Gemeinschaften besaßen Statuten oder Regeln, in denen ihre Verfassung und Zielsetzung im einzelnen beschrieben war; die Aufnahme erfolgte in einer feierlichen Zeremonie.

Im frühneuzeitlichen Italien entstanden zahlreiche (männliche und weibliche) »Bruderschaften« im Zusammenhang mit den vielfältigen Fürsorgeeinrichtungen – Armenhäuser, Spitäler, Waisenhäuser, Einrichtungen für (ehemalige) Prostituierte und alleinstehende Frauen. Diese Häuser, meist als *luoghi pii* oder *opere pie* (»fromme Werke«) bezeichnet, wurden getragen, organisiert und weitgehend finanziert von eigens dazu gegründeten Gesellschaften, denen die städtischen und kirchlichen Honoratioren, Kleriker und Laien, Adelige und angesehene Bürger, angehörten. Adressaten der Fürsorge waren in der Mehrheit Frauen: alleinstehende Mädchen, arme Frauen, (ehemalige) Prostituierte. Aber auch jene, die aktiv im Fürsorgewesen tätig waren, jene, die sich in den einzelnen Einrichtungen engagierten, waren vor allem Frauen, meist angesehene Frauen aus dem Adel oder Bürgertum, oft Witwen.

Der Angelpunkt jeglicher Frauenfürsorge war dabei – entsprechend der frühneuzeitlichen Mentalität, zumal in Italien – die Bewahrung beziehungsweise die Wiederherstellung der weiblichen »Ehre«. Die dafür aufgewendete Wohltätigkeit und Fürsorge bestand nicht nur in materieller Hilfe, sondern wurde »geistlich« begründet. Die soziale Not schien weniger wirtschaftliche als vielmehr moralische und religiöse Gründe zu haben. Fürsorge wurde immer zugleich auch als Seelsorge verstanden.

Viele Frauen, die mit Angela befreundet waren und auch in der Geschichte der Ursulinen eine Rolle spielen, waren in den *opere pie* und Hospitälern in Brescia tätig. Und auch die in den folgenden Jahrzehnten in anderen italienischen Städten gegründeten Ursulinengemeinschaften standen in engem Zusammenhang mit ähnlichen Einrichtungen, meist in der Form, daß die Ursulinen als Fürsorgerinnen in den Hospitälern tätig waren.

Für den Ursprung, die Gründung Angela Mericis von 1535, läßt sich dieser Zusammenhang jedoch nicht so eindeutig herstellen. Weder handelte es sich bei den ersten Mitgliedern der »Gesellschaft der heiligen Ursula« um Frauen, die in Fürsorgeeinrichtungen untergebracht waren, noch waren sie als Fürsorgerinnen dort tätig. Vor dem Hintergrund der sozialen Probleme, von denen gerade Frauen in der Stadt betroffen waren, sollte ihnen vielmehr eine Alternative angeboten werden: Die Mitgliedschaft in der »Gesellschaft der heiligen Ursula« bot vor allem jungen Frauen einen gesellschaftlich anerkannten sozialen Zusammenhang und die Möglichkeit, ihre »Ehre« zu wahren, ohne in einer Fürsorgeeinrichtung (für alleinstehende Frauen) »interniert« zu sein oder sich in ein Kloster zurückzuziehen. Erst in den folgenden Jahren entwickelte sich die »Gesellschaft der heiligen Ursula« zu einer Gemeinschaft, deren Tätigkeitsschwerpunkt auf der Betreuung der Hospitäler lag.

Eine neue religiöse Lebensform

Die »Regel«, die Angela Merici für ihre »Gesellschaft der heiligen Ursula« verfaßt hat – die erste Ordensregel, die eine Frau als Autor(in) hat – wurde von Cozzano nach dem Diktat Angelas aufgezeichnet und 1536 vom Generalvikar von Brescia approbiert. Sie enthält zwölf Kapitel, in denen umfassend und ohne sich in Details zu verlieren, das Selbstverständnis und die Zielsetzung der »Gesellschaft« umschrieben werden. Ihrem Aufbau nach wie auch inhaltlich ist sie stark beeinflußt von jenen Regeln, die Angela wohl am vertrautesten waren: der Franziskanerregel und der Tertiarenregel. Andererseits unterscheidet sie sich in wichtigen Punkten grundlegend von diesen wie auch von Regeln anderer Orden, »Bruderschaften« oder »Gesellschaften«.

Wesentlich ist dabei der Status, den die einzelnen Frauen gesellschaftlich und religiös innehaben. Sie leben nicht weltabgeschieden, wie dies bei Nonnen normalerweise der Fall war, sondern sind integriert in ihre Familien oder an ihrem Arbeitsplatz (häufig als Dienstmädchen in einem größeren Haushalt). Dennoch verstehen sie sich als »Geistliche« oder »Religiosen«, die einer bestimmten religiösen Gemeinschaft angehören und sich zu einem asketischen Leben verpflichtet haben.

Von den Drittordensregeln unterscheidet sich die Regel Angela Mericis vor allem dadurch, daß sie die drei wesentlichen Elemente eines »echten« Ordenslebens, die drei »Evangelischen Räte«, aufgenommen hat: die Verpflichtung zu Keuschheit, Armut und Gehorsam. Charakteristisch für sie ist aber auch, daß diese drei Elemente neu interpretiert werden: Jungfräulichkeit, Armut und Gehorsam werden als Selbstverständlichkeiten für das Leben der Ursulinen angesehen, wobei jedoch vor allem ihre spirituelle Dimension betont wird. Ausdrücklich wird kein Gelübde gefordert; die Ablegung eines Gelübdes wurde erst in den sechziger Jahren des 16. Jahrhunderts üblich. Auffällig ist im Vergleich mit anderen Ordensregeln auch, daß kaum detaillierte Vorschriften gemacht werden. Vielmehr wird von den Frauen eine

eigenverantwortliche und selbständige Haltung erwartet, die kleinliche Regelungen überflüssig macht und aus der sich ein angemessenes Verhalten »von selbst« ergibt.
So wird im Zusammenhang mit der Keuschheit vor allem die »geistige Reinheit« betont: »Vor allem halte sie ihr Herz rein und ihr Gewissen unbefleckt von jedem schlechten Gedanken, von jedem Schatten des Neides, des Übelwollens, der Zwietracht, des Argwohns und von jedem anderen bösen Wunsch und Willen. Sie sei frohen Herzens und stets voll Liebe, Glaube und Hoffnung auf Gott. Ihr Umgang mit dem Nächsten sei verständig und bescheiden.«
Die Verpflichtung zur Armut bezieht sich nicht auf die materielle Armut – sowohl die einzelnen Frauen als auch die Gemeinschaft hatten Besitz, durch den sie sich ihren Unterhalt sicherten –, sondern auf die »wahre Armut des Geistes, die in Gott all ihre Güter hat und die außer Gott sich von allem entblößt sieht und weiß, daß sie durchaus nichts ist, während sie alle Dinge in ihm besitzt«. Im Hintergrund steht hier sicher auch, daß die materielle Armut in der frühen Neuzeit nicht mehr wie etwa in der Armutsbewegung des Mittelalters als hoher moralischer Wert galt, sondern daß man im Gegenteil Armut häufig mit ethischem oder religiösem Versagen assoziierte.
Gehorsam wird zunächst gegenüber den Geboten Gottes gefordert, dann – an zweiter Stelle – gegenüber den Vorschriften der Kirche und schließlich zuletzt gegenüber einzelnen Personen: dem Bischof, dem »geistlichen Vater«, also dem jeweiligen Seelsorger und Beichtvater der Frau, den Vorstehern und Vorsteherinnen der Gesellschaft, den Eltern und Vorgesetzten sowie den weltlichen Autoritäten. Als weit wesentlicher erscheint jedoch eine andere Form des Gehorsams, die den Frauen ausdrücklich ins Bewußtsein gerufen wird: »Vor allen Dingen sollen sie den Ratschlägen und Einsprechungen gehorsamen, die der

Heilige Geist beständig dem Herzen eingibt, dessen Stimme wir um so deutlicher hören werden, je reiner und lauterer unser Gewissen ist... Kurz, wir müssen Gott gehorchen und aus Liebe zu Ihm gemäß dem Rat des Apostels aller Kreatur unterworfen sein, wenn nur nichts befohlen wird, was gegen die Ehre Gottes oder die sittliche Würde verstößt.« Das individuelle »Hören auf den Heiligen Geist« hat also Vorrang vor dem Gehorsam gegenüber allen irdischen Autoritäten.

Vor allem dieses »geistliche« Verständnis der Evangelischen Räte macht die Originalität dieser ersten Ursulinenregel aus. Die traditionellen Charakteristika des Ordenslebens werden zwar aufgenommen, zugleich aber neu interpretiert und so eine freiere, unabhängigere und dennoch verbindliche Lebensform für Frauen geschaffen.

Die übrigen Kapitel der Regel behandeln die Aufnahme in die Gesellschaft, die Kleidung der Frauen, den »Umgang mit der Welt«, das Fasten, das Gebet, die Messe, die Beichte und schließlich die Organisation der Gesellschaft. Bemerkenswert ist, daß zur Zeit Angelas noch keine besondere Kleidung vorgeschrieben wurde; erst in den folgenden Generationen bildete sich eine einheitliche Tracht heraus.

Insgesamt ist die Regel vor allem an der Gesamthaltung der Frauen interessiert und enthält nur wenig konkrete Einzelvorschriften. So wird auch vergleichsweise wenig über die Struktur und Leitung der Gemeinschaft gesagt. Festgelegt wird lediglich, daß die Leitung der Gesellschaft dreigeteilt sein soll; jeweils vier Jungfrauen, vier Witwen und vier Männer sind – mit unterschiedlichen Aufgaben – für die Gesellschaft verantwortlich. Den vier Jungfrauen kommt dabei die spirituelle, geistliche – im Sinne Angelas also die wichtigste – Führung zu. Im Unterschied dazu sind die Witwen und Männer für die »äußeren« materiellen und rechtlichen Angelegenheiten zuständig. Sie sind

erfahrene und angesehene »in der Welt« lebende, also nicht zu einer religiösen Gemeinschaft im engeren Sinn gehörende Leute, die über Geld und Einfluß verfügen.
Auffallend und charakteristisch für diese Struktur ist, daß kein Leitungsamt für einen Priester vorgesehen ist. Eine allzu enge Bindung an den Klerus wird bewußt vermieden. Jede Frau hat zwar ihren Beichtvater und Seelsorger, die Gemeinschaft soll jedoch als Vereinigung von Frauen unabhängig bleiben – unabhängig auch von der Leitung durch männliche Geistliche.
Die Gesellschaft als ganze bietet den Frauen, auch ohne daß diese ein Gemeinschaftsleben wie in einem Kloster führen, eine zweite Heimat, einen geistlichen, aber auch materiellen Rückhalt, der sie von ihrer Umwelt unabhängig macht. In wenigen Sätzen wird dies zum Schluß der Regel konkretisiert: Das Vermögen der Gesellschaft soll klug verwaltet und vor allem zur Unterstützung bedürftiger Mitglieder verwendet werden. Bleiben Frauen ohne Familie allein zurück, so sorgt die Gesellschaft für sie, beispielsweise dadurch, daß eine andere Frau sie bei sich aufnimmt oder mehrere Frauen sich mit finanzieller Unterstützung durch die Gesellschaft gemeinsam eine Wohnung mieten. Hilfe wird auch den Armen und Kranken gewährt, und schließlich gehören auch der Beistand beim Sterben und der letzte Dienst bei der Bestattung und im Gebet für die Toten zu den gemeinschaftlichen Aufgaben.

Sankt Ursula – eine Heilige als Vorbild

Patronin der Gesellschaft ist die heilige Ursula. Eine ausdrückliche Erklärung findet sich dafür in den Quellen nicht. Man kann jedoch annehmen, daß die Legende von »Ursula und ihren elftausend Jungfrauen« Angela besonders angesprochen hat. Sie wird auch in der »Legenda Au-

rea« ausführlich wiedergegeben und war Angela sicher seit den Erzählungen ihres Vaters in ihrer Kindheit vertraut.
Ursula war nach der Legende Christin und Tochter des britannischen Königs. Sie wurde von einem heidnischen Königssohn zur Frau begehrt, war jedoch nicht gewillt, ihn zu heiraten, sondern wollte jungfräulich bleiben und sich Gott weihen. Um die Werbung des Königssohns zu erschweren, ohne sie direkt abzulehnen, was für ihr Volk Kriegsgefahr bedeutet hätte, willigte sie ein, stellte jedoch Bedingungen: Der Bräutigam sollte drei Jahre lang warten und sich taufen lassen; außerdem sollte man ihr elf Schiffe zur Verfügung stellen und ihr einen Zeitraum von drei Jahren gewähren, in dem sie zusammen mit zehn anderen Jungfrauen und elf mal je tausend weiteren Gefährtinnen »ihre Jungfrauschaft Gott weihen« wollte. Das »Heer« der 11 000 (eigentlich 11 011) Frauen begab sich auf die Schiffe und »schwur auf eine neue Ritterschaft«. Ursula unterwies ihre Gefährtinnen in der Übung der Gottesliebe und flößte ihnen »Mut und Unerschrockenheit« ein. Mit ihren Schiffen übten sich die Frauen – »spielerisch«, vielleicht aber auch im Hinblick auf eine kriegerische Auseinandersetzung mit dem heidnischen Königssohn – in der Kriegsführung: »sie huben an in Krieges Weise Spiele zu spielen und fuhren [mit den Schiffen] bald zusammen, bald auseinander, bald erhuben sie Streit, bald gaben sie sich zur Flucht und übten sich in allerlei Spiel; und ließen nichts unversucht, was ihnen in den Sinn kam; unterweilen kehrten sie des Mittags wieder von ihrer Fahrt; unterweilen kaum des Abends« (Legenda Aurea). Auf einer Fahrt kamen sie nach Köln, das von den Hunnen belagert war, wurden von diesen überwältigt und erlitten alle das Martyrium. Ein Engelheer vertrieb daraufhin die Hunnen, so daß Köln durch den Tod Ursulas und ihrer Jungfrauen wunderbar errettet wurde.
Die Ursulalegende ist bestimmt vom Thema des »Kamp-

fes« und der (geistlichen) »Ritterschaft«. Ziel des Kampfes der Jungfrauen ist die Bekehrung der Ungläubigen und die Bewahrung der Jungfräulichkeit. Gerade in der frühen Neuzeit, der Zeit der in jeder Hinsicht »kämpferischen« Auseinandersetzungen zwischen den Konfessionen, gewann dieses Thema eine neue Brisanz. Ursula erschien als die ideale Führerin, ihr »Heer« oder ihre »Schar« wurden zum idealen Vorbild einer religiösen Frauengemeinschaft.

Die Ursulaverehrung hatte vor allem in Köln und in den nördlichen Ländern Europas eine lange Tradition. Durch Pilger, die über Italien ins Heilige Land reisten, hatte der Ursulakult aber auch in Norditalien – in der Lombardei und in Venetien – Verbreitung gefunden. Ein Zentrum war Venedig. Dort bestand seit dem 14. Jahrhundert die *Scuola di Sant'Orsola*, eine Ursulabruderschaft mit religiös-humanitärer Zielsetzung, der Frauen und Männer aller sozialen Stände angehörten und die in verschiedenen Wohltätigkeitseinrichtungen der Stadt tätig war.

Für sie hatte Vittore Carpaccio 1490–1495 seinen berühmten, neun Gemälde umfassenden Zyklus zur Ursulalegende geschaffen. Es ist nicht unwahrscheinlich, daß Angela Merici diesen bei ihrem Aufenthalt in Venedig gesehen hat. Auch ein Offizium und eine Meßliturgie zu Ehren Ursulas waren in Italien verbreitet. Überliefert ist ein entsprechender Druck aus Venedig von 1522. In Brescia selbst befand sich in der Kirche San Pietro in Oliveto ein Gemälde, das die Ursulalegende zum Thema hatte, gemalt im 15. Jahrhundert von dem Venetianer Antonio Vivarini.

Die Darstellungen Ursulas, die dem Bild, das Angela Merici von ihr hatte, am nächsten kamen, waren wohl das Ursula-Fresko im Oratorium der Isabetta Prato und das möglicherweise von Angela selbst in Auftrag gegebene, in der ersten Hälfte des 16. Jahrhunderts entstandene Gemälde von Moretto in der Kirche San Clemente in Brescia, gegenüber dem Haus Agostino Gallos, in dem Angela nach ihrer Rückkehr aus Cremona gelebt hatte. Moretto malte Ursula im Kreis ihrer Gefährtinnen stehend mit einer Kreuzesfahne als Siegeszeichen in jeder Hand. Als Symbol ihrer Würde, gleichermaßen als Königstochter wie als Märtyrerin, trägt sie eine Krone. Über ihr schwebt die Taube des Heiligen Geistes. Ursula als geistbegabte, siegreiche Führerin ihrer Schar – so wollte Angela die Patronin ihrer Gesellschaft verstanden wissen.

Selbstbewußt und unabhängig – das Vermächtnis

Ein weiterer Markstein in der Frühgeschichte der Ursulinen war die Wahl Angelas zur »Generalmutter«, die am 18. März 1537 erfolgte. Angela wurde einstimmig zur »madre, ministra e tresoriera« (Mutter, Vorsteherin und Schatzmeisterin) auf Lebenszeit gewählt. Dabei – also weniger als eineinhalb Jahre nach der Gründung – waren bereits 75 Jungfrauen als Mitglieder der Gesellschaft anwesend. Die Versammlung fand in der Küche von Angelas Wohnung bei Sant'Afra statt. Am gleichen Tag wurden auch acht Frauen gewählt, die, wie es die Regel vorschrieb, die Gesellschaft leiten sollten: Vier Jungfrauen und vier verwitwete adelige Damen, die »Mütter«. Nicht gewählt wurden die vier Männer; lapidar heißt es, daß dazu keine Notwendigkeit bestand.

An die beiden Gruppen der Leiterinnen sind auch die zwei anderen Schriften Angela Mericis – ebenfalls nach ihrem Diktat von Cozzano aufgezeichnet – gerichtet: an die Witwen oder »Mütter« das Testament, an die Jungfrauen, auch »Colonelli« genannt, die »Arricordi« (»Ermahnungen«). Beide Schriften entstanden wohl zwischen 1539 und 1540 im letzten Lebensjahr Angelas und waren von ihr als ihr geistliches Vermächtnis gedacht. Offenbar hatte sie Cozzano damit beauftragt, nach ihrem Tod die Schriften an die Leiterinnen der »Gesellschaft der heiligen Ursula« zu übergeben.

Während die als »Colonelli« bezeichneten Jungfrauen selbst Mitglieder der »Gesellschaft der heiligen Ursula« – wenn auch als geistliche »Führerinnen« besonders herausgehoben – waren, standen die »Governatrici et madre«, die »Leiterinnen und Mütter«, Damen des brescianischen Adels, die in der Einleitung zum »Testament« auch namentlich genannt werden, eher außerhalb und waren vor allem für die äußere, weltliche Leitung der Gesellschaft verantwortlich.

Die »Colonelli« waren jeweils für eine wohl nach geographischen Kriterien zusammengesetzte Gruppe von Mitgliedern der Gesellschaft zuständig. Ihre Aufgabe war es, die ihnen anvertrauten »Töchter« oft – besonders an den Festtagen – zu besuchen, um zu sehen, wie es ihnen geht, und sie in ihrem geistlichen Leben zu bestärken und zu ermutigen, wenn nötig auch zu trösten oder zu ermahnen.

Demgegenüber lag bei den »Müttern« die Organisation und Verwaltung der Gesellschaft, nicht zuletzt in rechtlichen und finanziellen Dingen. Darüber hinaus sollten sie dafür sorgen, daß von Zeit zu Zeit eine Versammlung aller Mitglieder einberufen wurde. Diese sollte zu einem guten Verhältnis der Frauen untereinander beitragen, ihnen die Gelegenheit geben, sich intensiver kennenzulernen, sich »wie liebe Schwestern zu sehen« und über das zu reden, was sie bewegt. Wenn eine geeignete Persönlichkeit zur Verfügung stand, sollte auf diesen Versammlungen auch eine Ermahnung und Ansprache gehalten werden. Aufgabe der »Governatrici« war zudem die Verwaltung des Besitzes der Gesellschaft. Alle Einkünfte sollten »zum Wohle und zur Ausbreitung der Gesellschaft« verwendet werden, wobei die Mütter allein, »wie es kluge Unterscheidung und mütterliche Liebe« vorschreiben, vorgehen und entscheiden sollten, »ohne Rat außerhalb der Gesellschaft zu suchen«.

Grundsätzlich wichtig für Angela Mericis Verständnis ihrer Gesellschaft war, daß die Leiterinnen sich selbst keinesfalls als Autoritäten verstehen, sondern sich als »Dienerinnen und Mägde« ihrer Leitungsfunktionen unwürdig erachten sollten. Das Amt der Leiterin bedeutete an sich nichts; es erhielt allein durch die Hinordnung auf diejenigen, die geleitet werden, nämlich die Jungfrauen als auserwählte »Bräute Christi«, seinen Wert. Indem sie diesen dienen, sie als »kostbaren Schatz« achten, erhalten auch die »Leiterinnen und Mütter« Anteil an der Auserwählung und Würde der Jungfrauen und erlangen »in gewissem Sinne als Brautmütter durch die Töchter die Gnade und Liebe des Allerhöchsten«.

Charakteristisch für die »Gesellschaft der heiligen Ursula« ist eine sehr weitgehende Eigenständigkeit und Unabhängigkeit sowohl der Gesellschaft als ganzer als auch individuell jeder einzelnen Frau, die ihr angehört. Wesentlich ist allein die Verpflichtung auf die »Liebe, die alles auf Gottes Ehre und das Wohl der Seelen zurückführt«. Noch pointierter bringt Angela Merici dies im »Testament« zum Ausdruck, indem sie Augustinus zitiert: »Ama, et fac quod vis« (»liebe, und mache, was du willst«). Wenn die Liebe Grundlage und Maßstab allen Handelns ist, kann der Mensch in seinem Tun nicht fehlgehen.

Wichtig für die Ursulinen ist – zumindest im Hinblick auf ihre internen Angelegenheiten – ihre Unabhängigkeit von Außenstehenden: Alles Notwendige können und sollen die Frauen alleine regeln. Jede einzelne ist zwar in die Gemeinschaft eingebunden und auf die in der Regel vorgeschriebene Lebensweise und – entsprechend der Struktur der Gesellschaft, nach der es »Obere« und »Untergebene«

gibt – zum Gehorsam gegenüber den Vorgesetzten verpflichtet. Dieser Gehorsam hat jedoch seine Grenze in der individuellen Orientierung der einzelnen Frau an Gott, in ihrem Hören auf die »Ratschläge und Eingebungen..., die der Heilige Geist beständig dem Herzen eingibt«.
Aufgabe der »Colonelli«, der »geistlichen Führerinnen«, ist es, gerade diese Haltung den ihnen anvertrauten Frauen zu vermitteln. Dabei sollen sie immer den »freien Willen« der einzelnen achten: »Denn Gott hat jedem seinen freien Willen gegeben. Er zwingt keinen, sondern begnügt sich damit, vorzuschlagen, einzuladen, zu raten... Ich rate dir, sagt Er, nicht: ich zwinge dich.« Die Leiterinnen der Gesellschaft sollen daher ihr Amt »mit Liebe, Zurückhaltung und Milde« ausüben, »nicht herrisch und mit Schärfe«. Unter Umständen können auch manchmal »Zurechtweisung und Strenge« anzuwenden sein, allerdings mit der Einschränkung: »zur rechten Zeit, am rechten Ort und mit Beachtung der Verfassung und des Bedürfnisses der Personen« und immer »rein aus Liebe und aus Eifer für die Seelen«. Ausdrücklich wird den Leiterinnen der Gesellschaft eingeschärft, »vorsichtig [zu] urteilen« und »alles mit größter Güte zu tun«, »mit gutem Rat und reiflicher Überlegung«.
Das gerade für eine Frauengemeinschaft ungewöhnlich hohe Maß an Eigenständigkeit und Eigenverantwortlichkeit, das für die »Gesellschaft der heiligen Ursula« selbstverständlich sein sollte, findet seinen deutlichsten Ausdruck in der Haltung gegenüber Männern, genauer: gegenüber männlichen Geistlichen. Diese haben zwar als Beichtväter und Spender der Sakramente eine bestimmte und nicht vernachlässigbare Funktion, spielen aber keine Rolle in der (geistlichen oder weltlichen) Leitung der Gesellschaft. Im Gegenteil: Eine der wesentlichen Aufgaben der »Colonelli« als geistlichen Führerinnen ist es, die Frauen nicht nur »gegen die Kinder der Welt«, sondern

auch »gegen falsche Religiose« zu schützen. Sie sollen darauf achten, daß männliche Geistliche keinen negativen Einfluß auf die Frauen ausüben.
In den Schriften Angela Mericis besteht die einzige längere Erwähnung eines männlichen geistlichen Führers in einer Warnung; an die »Colonelli« gerichtet heißt es: »Gebt acht, daß nicht ein Beichtvater oder sonst ein Ordensmann sie [= die Frauen der »Gesellschaft der heiligen Ursula«] von einer guten Einstellung abbringe, vom Fasten oder vom festen Vorsatz der Jungfräulichkeit oder von der Hochschätzung dieser heiligen gottgegebenen Regel oder von sonst etwas Gutem. Denn viele kommen unter dem Vorwand eines guten Rates und bringen viele arme Mädchen von ihren guten Anschauungen und Vorsätzen ab.« Vor diesen falschen Geistlichen wird dabei im gleichen Zusammenhang gewarnt wie vor dem Umgang mit müßigen Weltleuten und Häretikern. Der Einfluß, der von Häretikern auf die Gesellschaft ausgehen könnte, erscheint dabei als noch weniger gefährlich. Von diesen sollen sich die Frauen zwar fernhalten, aber nichts direkt gegen sie unternehmen: »Laßt sie, wie sie sind, haltet jeden für gut.«
Es wäre jedoch falsch, aus der Skepsis gegenüber männlichen Geistlichen, die aus den Schriften Angela Mericis spricht, auf eine grundsätzliche Distanz zu Männern zu schließen. Angela Merici selbst wie auch die einzelnen Ursulinen hatten sehr wohl enge und positive Beziehungen zu einzelnen Männern: Der Beichtvater Angelas war Serafino da Bologna, einer der bei Sant'Afra lebenden Chorherren vom Lateran; häufig wurde sie auch von Geistlichen und Theologen besucht, mit denen sie über theologische und spirituelle Themen sprach; für etliche Männer war sie »geistliche Mutter« und Freundin, und nicht zuletzt hatte sie ein vertrauensvolles Verhältnis zu Gabriele Cozzano, der ihre Schriften aufzeichnete.

Gleichzeitig wahrte sie jedoch für sich und ihre Gesellschaft die innere Unabhängigkeit. Sie versuchte bewußt, jede Beeinflussung durch Außenstehende und insbesondere jede Unterordnung unter männliche Leitung – was für die meisten religiösen Frauengemeinschaften unumgänglich war – zu vermeiden.
Wie schwer es war, den in den Schriften Angelas – in der Regel, dem Testament und den Arricordi – entwickelten Anspruch in die Realität umzusetzen, zeigte sich in den folgenden Jahren. Schon bald nach Angelas Tod kam es zu Konflikten innerhalb der Gesellschaft, die langfristig zu einem tiefgreifenden Wandel ihres Selbstverständnisses führten.

Die letzten Tage

Für Angela Merici selbst war das starke Anwachsen der Gesellschaft in den Jahren kurz nach der Gründung eine Bestätigung ihres Ideals. Ihre letzten Lebensjahre verbrachte sie im Oratorium der Isabetta Prato oder in ihrer Wohnung bei Sant'Afra. Sie lebte dort zusammen mit einer Frau namens Barbara Fontana, wahrscheinlich einer Tochter des Schuhmachers Giovan Pietro Fontana, der ebenfalls in der Nähe von Sant'Afra wohnte und einer der Zeugen bei der Wahl der Leiterinnen war. In seinem Besitz fand sich später das Stundenbuch (marianische Offizium) Angela Mericis mit einer Widmung, aus der hervorgeht, daß Angela selbst ihm dies geschenkt hatte. Barbara Fontana gehörte wohl auch zu den ersten Mitgliedern der »Gesellschaft der heiligen Ursula«.
1539 erkrankte Angela schwer. Giacomo Chizzola, einer der Zeugen im »Prozeß Nazari«, besuchte sie zusammen mit einem gemeinsamen Freund, als sie auf dem Sterbebett lag, und hat als ihr geistliches Vermächtnis die Worte

überliefert: »Handelt im Leben so, wie ihr in eurer Todesstunde wünschtet, gehandelt zu haben.«
Angela Merici starb am 27. Januar 1540, an einem Dienstagnachmittag. Am nächsten Tag wurde sie zur Kirche Sant'Afra getragen, dort, bekleidet mit ihrem grauen Tertiarinnengewand, aufgebahrt. Von einigen Chronisten wird berichtet, daß sich die Beisetzung verzögerte, weil sowohl die Kirche Sant'Afra als auch die Kathedrale den Leichnam Angelas als Reliquie besitzen wollten. Die franziskanischen Chorherren des Doms glaubten, darauf ein Recht zu haben, weil auf ihrem Gebiet das Oratorium Isabetta Pratos lag, vielleicht auch weil Angela Franziskanertertiarin war. Die Chorherren von Sant'Afra beriefen sich dagegen darauf, daß Angela in ihrer Pfarrei gelebt hatte. Ausschlaggebend war schließlich, daß Angela von der päpstlichen Pönitentiarie offiziell von ihrer Pflicht, sich als Tertiarin in einer Franziskanerkirche begraben zu lassen, befreit worden war. Die Beisetzung erfolgte daher in Sant'Afra.
Der Stadtchronist von Brescia, Pandolfo Nassino, notierte anläßlich ihres Todes: »Über Schwester Angela Merici... sie starb zwischen dem 65. und 70. Lebensjahr, eine Frau mittlerer Größe, aber äußerst schmaler Gestalt; sie war meistens in Grau gekleidet. Am 28. dieses Monats... wurde sie zur Kirche Sant'Afra getragen... Ich habe sie selbst gesehen... Sie wurde mit solch einer Feierlichkeit und inmitten solch einer großen Menschenmenge überführt, daß der Zug wie das Begräbnis eines Fürsten wirkte. Der Grund für all das war, daß Madre Suor Angela allen den Glauben an den allmächtigen Gott gepredigt hat und von allen geliebt wurde.«
Auf dem Sarkophag wurden vier Inschriften angebracht; eine stammte von einem Juristen namens Zanetti, eine weitere von Gabriele Cozzano, die beiden anderen hatte einer der bei Sant'Afra lebenden Chorherren vom Lateran, Don

Valeriano aus Bergamo, verfaßt. Valeriano rief dabei besonders Angelas Bedeutung als »Lehrmeisterin« in Erinnerung. Seine erste Inschrift lautete:

> Freiwillige Dulderin, Jungfrau durch deine Taten, Lehrerin durch deine Worte,
> So frohlockst du, o selige Angela, herrlich durch deine dreifache Krone.
> Angela, einst warst du Lehrmeisterin der Lebensführung und der Sitten;
> Komm' uns heute zu Hilfe und schütze und verteidige dein Vaterland.

Vom gleichen Tenor ist auch Valerianos zweite Inschrift bestimmt:

> Als ich noch lebte, war ich Angela; jetzt, da ich tot bin, nennt man mich »Engel«;
> Denn wie ein Engel bin ich mit dem Chor der Engel vereint.
> Ihr, die ihr mich gekannt habt, lebt nach meinem Beispiel.
> Handelt so, wie ich es euch gelehrt habe; auch als Tote lehre ich noch.

Auf die Assoziation von »Angela« und »Engel« (italienisch: *angelo*) spielt auch der Jurist Zanetti an, der damit zugleich die Heiligmäßigkeit der Verstorbenen betont:

> Sie ist in dieser Ruhestätte beigesetzt,
> Sie, die durch ihren Namen und mehr noch durch ihr gesamtes Leben
> Würdig wurde, mit den himmlischen Heerscharen gleichgestellt zu werden.
> Angela lebt nun gleichzeitig an drei Orten:

Ihr Körper ruht im Grabe, ihre Seele weilt im Himmel,
Ihr Name ist lebendig auf den Lippen der Menschen.

Cozzano lenkt schließlich darüber hinaus den Blick auf das Lebenswerk Angelas, die Gründung der »Gesellschaft der heiligen Ursula«:

Hier ruht Angela, ihr Haupt umgeben von einer Krone aller nur möglichen Tugenden,
In der Erwartung der Auferstehung am Jüngsten Tag.
Ihre entflammte Seele ist in die himmlischen Wohnungen eingegangen
Und steht rein vor Gott, dem Allerhöchsten. Seht hier die Jungfrau, die in ihrem Leben durch eine Lebensregel eine Ordensgesellschaft gründete, die hochberühmt ist durch ihre Jungfräulichkeit.
Glaube mir, Brescia, verehre diese heilige Grabstätte:
Sie, die heilige Jungfrau, die Gott nahe ist, vermag alles.

Die Kirche Sant'Afra ist im Laufe der Zeit durch Erweiterungsbauten verändert worden und heute Teil des *Centro Mericiano*, das sich der Pflege der Spiritualität Angela Mericis widmet. Angelas Leichnam ruht in einem Kristallsarkophag auf dem rechten Seitenaltar des *Santuario di Sant'Angela*, der Oberkirche von Sant'Afra.

4. Neue Zeiten – neue Aufgaben

Die erste große Krise

Als Angela Merici starb, bestand die »Gesellschaft der heiligen Ursula« gerade fünf Jahre. Sie war stark auf die Persönlichkeit Angelas fixiert gewesen und hatte nun – allein gelassen – offenbar große Schwierigkeiten, sich ohne die Führung ihrer »Mutter« zurechtzufinden. Schon bald kam es zu einer ernsten Krise, aus der die Ursulinen schließlich nach schwierigen inneren Auseinandersetzungen zwar gestärkt und mit einem neuen Selbstbewußtsein, aber auch mit einem gewandelten Selbstverständnis hervorgingen.
Die internen Konflikte, die innerhalb der Gesellschaft aufbrachen und sogar zu einer Spaltung der Gemeinschaft in zwei rivalisierende Gruppen mit verschiedenen Oberinnen führten, wie auch die Kritik, die von außen an die Ursulinen herangetragen wurde, hatten ihre Ursache in der besonderen Lebensform der Frauen »zwischen Kloster und Welt«. Man war irritiert und wußte nicht recht, wie und wo man die Gesellschaft »einordnen« konnte. Einerseits war deutlich, daß die Ursulinen sich von jenen »semireligiosen« (halb-ordensmäßigen) Gemeinschaften wie etwa den Tertiarinnen, die sich nicht hinter Klostermauern zurückzogen, sondern »in der Welt« ihren Aufgaben nachgingen, deutlich unterschieden und stärker wie ein Orden ausgerichtet waren. Andererseits bildeten sie auch keinen monastischen Orden, dessen Mitglieder ständig in Gemeinschaft lebten und – für Frauen besonders wichtig – durch die Klausur von der Außenwelt abgeschirmt waren.
So oder so – die Ursulinen paßten nicht in das Bild, das man sich üblicherweise von Ordensfrauen machte; ihre Lebensweise galt als skandalöse Neuerung: »Sie zerreißen

sich den Mund und rümpfen die Nase über die Gesellschaft« – so beschreibt Gabriele Cozzano die Haltung der Umwelt. Die Hauptkritik bezog sich dabei auf Angelas freie Interpretation der zentralen Punkte des Ordenslebens: Armut, Gehorsam und Keuschheit.
Die Ursulinen arbeiteten und sorgten damit für ihren Lebensunterhalt, waren also nicht im eigentlichen Sinne arm. Sie handelten weitestgehend in eigener Verantwortung, lebten in einem hohen Maß selbstbestimmt und waren vor allem nicht einem männlichen Oberen zum Gehorsam verpflichtet. Und nicht zuletzt schien auch die freie Lebensweise in der Welt der Verpflichtung zur Keuschheit zu widersprechen. Zudem fehlten der *Compagnia di Sant' Orsola* auch formelle Bestätigungen, beispielsweise die Anerkennung durch den Papst oder die Erteilung von Ablässen, wie sie andere religiöse Gemeinschaften besaßen. Lediglich auf die Bestätigung des Generalvikars von Brescia konnten sich die Ursulinen berufen.
Wie »unzeitgemäß« – im Sinne von »ihrer Zeit voraus« – und außergewöhnlich die von Angela geschaffene Lebensform war, wird daran deutlich, daß auch etliche der Ursulinen selbst Schwierigkeiten mit ihrem neuen Status hatten. Zahlreiche Frauen verließen die Gesellschaft, um in einen »richtigen«, allgemein anerkannten Orden einzutreten, andere verlangten, daß die Ursulinen sich stärker den übrigen monastischen Orden anpassen sollten. Der Konflikt kristallisierte sich schließlich in der Auseinandersetzung um die Kleidungsfrage. Angela Merici hatte keine einheitliche Kleidung für die Mitglieder der Gesellschaft vorgesehen, nicht zuletzt wohl deshalb, weil damit eine zu große Nähe zu den traditionellen Orden angedeutet worden wäre. Lucrezia Lodrone, die noch von Angela Merici selbst zu ihrer Nachfolgerin in der Leitung der Gesellschaft bestimmt worden war, wollte nun umgekehrt gerade deshalb – um die Ursulinen etwas »ordensähnlicher«

zu machen und so zur allgemeinen Anerkennung zu bringen – eine gewisse Uniformität durchsetzen: Die Ursulinen sollten einen schwarzen Ledergürtel und ein weißes Schultertuch tragen und so als Mitglied der *Compagnia di Sant'Orsola* erkennbar sein.

Der Streit um diese Anordnung zog sich über Jahre hin und wurde zur Grundsatzdiskussion: Sollten sich die Ursulinen von anderen Christen äußerlich unterscheiden oder nicht? Welche Konsequenzen würde dies nach sich ziehen? Müßten der äußeren Anpassung an die normalen Orden nicht auch eine »innere« Anpassung, also ein zunehmender Rückzug aus dem weltlichen Leben hinter Klostermauern, folgen? Und wäre dies nicht Verrat an der Idee Angela Mericis?

Die Auseinandersetzung spaltete die Gesellschaft in zwei Gruppen, und auch die Bistumsleitung wurde in den Streit verwickelt. 1545 wurde Lucrezia Lodrone vom Generalvikar von Brescia exkommuniziert und eine andere Frau, Veronica Buzzi, zur Oberin gewählt. Lucrezia Lodrone fand ihrerseits – gegen Bischof und Generalvikar – Unterstützung bei einem anderen einflußreichen Kleriker, dem Archidiakon (Erzdiakon) Aurelio Duarte. Über ihn erreichte sie sogar, daß 1546 von Papst Paul III. für die Ursulinen eine Bulle mit dem Titel »Regimini Universalis Ecclesiae« verabschiedet wurde. Diese stellte die Mitglieder der *Compagnia di Sant'Orsola* vermögens- und erbrechtlich gleich mit Ordensfrauen, die in ein Kloster eintreten (»Moniales«), gewährte der Gesellschaft Ablässe und den Leiterinnen der Gesellschaft das Privileg, die Satzungen ohne Zustimmung des Ortsbischofs zu ändern. Vor allem der letzte Punkt ist höchst ungewöhnlich und hat in der Forschung die Frage aufgeworfen, ob die Bulle überhaupt echt sein könne. Auffällig ist auch, daß auf diese Bulle in der weiteren Geschichte der Ursulinen kein Bezug mehr genommen wurde.

Lodrone sah sich mit Berufung auf das päpstliche Schreiben jedenfalls befugt, die Regel der Gesellschaft zu ändern und die Kleidungsvorschriften hinzuzufügen. Der Streit wurde jedoch dadurch nicht beendet; die Spaltung der Gesellschaft blieb weiterhin bestehen. Erst nach Lucrezia Lodrones Tod (1555) konnte eine Einigung erreicht werden. Wesentlichen Anteil daran hatten die »Väter vom Frieden«.

Die »Väter vom Frieden« und die Christenlehre

Die *Compagnia della Pace* (»Gesellschaft vom Frieden«), eine Vereinigung von Priestern, war 1550 von Francesco Cabrini in Brescia gegründet worden. Ihre Mitglieder widmeten sich dem Apostolat, vor allem der Verkündigung des katholischen Glaubens, wobei sie in unterschiedlichen Bereichen tätig waren. Sie missionierten dort, wo Menschen sich vom katholischen Glauben abgewandt hatten, arbeiteten in den Hospitälern und erteilten Katechismusunterricht.

Die Glaubensunterweisung war im 16. Jahrhundert zu einem der wichtigsten Anliegen geworden. Zu offenkundig war die Unkenntnis der »kleinen Leute«, was die elementaren Grundsätze des Christentums betraf. Die protestantischen Reformatoren, aber auch die katholischen Reformer prangerten dies an und forderten, dem entgegenzuwirken. In Oberitalien gehörte Mailand zu den Vorreitern entsprechender katholischer Initiativen. 1536 war dort von einigen Priestern, vor allem aber von Laien eine religiöse Vereinigung gegründet worden, die sich für eine regelmäßige Katechese einsetzte. An Sonn- und Feiertagen wurde im Anschluß an die Messe Unterricht in den wichtigsten Grundlagen des katholischen Glaubens erteilt: das Vaterunser, das Ave Maria, das Glaubensbekenntnis, die Zehn Gebote, die wichtigsten Glaubenssätze wurden – meist nach dem Frage- und Antwort-System – den Zuhörern, jungen und alten, Frauen und Männern, nahegebracht.

Seit den 1540er Jahren entstanden auch in anderen italienischen Städten solche »Gesellschaften der christlichen Lehre«. In Brescia hatten 1556 die »Väter vom Frieden« ihre Funktion übernommen. Die Katechese, der Unterricht in der christlichen Lehre, war zu ihrer wichtigsten Tätigkeit geworden, und hier fanden auch die Ursulinen ihr für die Zukunft charakteristisches Aufgabenfeld. Weiterhin waren sie in den Hospitälern tätig, doch vor allem erteilten sie in Absprache mit den »Vätern« Katechismusunterricht – besonders für Mädchen und Frauen.

Aus der im Anschluß an den Gottesdienst stattfindenden christlichen Unterweisung entwickelten sich im Laufe der Zeit richtige Schulen, in denen über die Katechese hinaus die Kinder und Jugendlichen auch im Lesen, Schreiben und Rechnen unterrichtet wurden. Dieser Elementarunterricht war im 16. Jahrhundert noch keine Selbstverständlichkeit, wurde jedoch immer öfter als notwendig angesehen und fand seine Förderer auch in kirchlichen Organisationen. Auf katholischer Seite waren dies die Doktrinarier (abgeleitet vom lateinischen *doctrina christiana* = Christenlehre), die sich gegen Ende des 16. Jahrhunderts zu einem anerkannten Orden entwickelten, später auch der Jesuitenorden und – was die Frauen betraf – die Ursulinen.

1559 wurde Francesco Cabrini, der Obere der »Väter vom Frieden«, der Beichtvater und geistliche Leiter der Ursulinen, und unter seinem Einfluß kam es schließlich wieder zu einer Einigung der beiden Parteien innerhalb der Gesellschaft. Beide Gruppen machten dabei Zugeständnisse. Zum einen wurde die von Lodrone eingebrachte Kleidungsvorschrift, die Verpflichtung zum Tragen des Gürtels und des weißen Schultertuchs, allgemein anerkannt; zum anderen mußte die Nachfolgerin Lodrones ihr Amt als Oberin *(Madre Generale)* an Veronica Buzzi, eine Frau der gegnerischen Partei, abgeben.

In der Folgezeit kam es über die geistliche Führung hinaus zu einer engen Zusammenarbeit zwischen der *Compagnia di Sant'Orsola* und den »Vätern vom Frieden«, durch die das Selbstverständnis der Ursulinen eine neue Wendung erhielt. Für die Ursulinen brachte dies zum einen ein weites Betätigungsfeld, zum anderen aber auch tiefgreifende Einschränkungen mit sich. Die »Väter« übernahmen nicht nur die geistliche Führung der »Gesellschaft der heiligen Ursula«, sondern ihre gesamte Leitung. Ihre Oberen, Francesco Cabrini und seine Nachfolger, waren von nun an auch die Oberen der Ursulinen und in allen Fragen die letzte Instanz.

Im Vergleich dazu, wie Angela Merici sich die Gesellschaft ursprünglich vorgestellt hatte, bedeutete dies einen radikalen Wandel. Angela hatte großen Wert auf die Unabhängigkeit und Eigenständigkeit der *Compagnia di Sant'Orsola*, gerade auch als Vereinigung von *Frauen*, gelegt und jegliche Beeinflussung durch Außenstehende, einschließlich männlicher Kleriker, abgelehnt.

Doch die Zeiten hatten sich geändert. Auf die Phase des reformerischen Aufbruchs zu Beginn des 16. Jahrhunderts folgte seit den 50er Jahren eine Zeit der Konsolidierung, der Institutionalisierung und Verfestigung der bis dahin relativ frei sich entfaltenden Bewegungen. Gleichzeitig wurde es für Frauen immer schwerer, sich unabhängig von männlicher Bevormundung zu behaupten. Zudem hatten die Ursulinen in den beiden Jahrzehnten nach Angela Mericis Tod erlebt, welche Schwierigkeiten es mit sich brachte, die rein spirituell begründete, freie und ungebundene Lebensform, wie sie der »Regel« Angela Mericis entsprach, für eine so große Gruppe von Frauen in die Realität umzusetzen.

Der große Zulauf, den die Ursulinen seit der Verbindung mit den »Vätern vom Frieden« hatten, zeigt, daß die Frauen im großen und ganzen mit dem Wandel der Verhältnisse einverstanden waren. Die enge Verbindung mit den Männern und die dadurch gegebene Einbindung in die kirchlichen Strukturen brachten ihnen allgemeine Anerkennung und größere Möglichkeiten, sich innerhalb der Kirche zu betätigen.

Seinen bleibenden Ausdruck fand der Wandel des Selbstverständnisses in einer grundlegenden Änderung der ursprünglichen Regel der Gesellschaft. 1582 wurde eine »reformierte Regel« veröffentlicht, die sich im allgemeinen Aufbau wie auch in wichtigen Details wesentlich von der Regel Angela Mericis unterschied. Besonders auffällig sind die Veränderungen, die im Kapitel über den »Gehorsam« vorgenommen wurden. Während Angela Merici betont hatte, daß die Frauen vor allem anderen auf die »Eingebungen des Heiligen Geistes« hören sollten, erscheint in der reformierten Regel der »geistliche Vater« der Frauen, der zugleich auch der Leiter der Gesellschaft sein soll, als höchste Autorität und letzte Instanz. So heißt es beispielsweise in der reformierten Regel ausdrücklich, daß die Frauen »unter anderem« zwar auch ihren »inneren Eingebungen« gehorchen sollten, jedoch nur dann, wenn diese zuvor vom »Vater der Gesellschaft« als »vom Heiligen Geist kommend« anerkannt worden sind. Die Frauen können dies also nicht in eigener Verantwortung entscheiden, sondern sind an die Weisungen des geistlichen Vaters gebunden.

Im Unterschied zur ersten Regel Angelas finden sich in der reformierten Fassung auch ausführliche Vorschriften über die Organisation der Gesellschaft. In Anbetracht der Größe, die die Gesellschaft mittlerweile erreicht hatte, legte es sich wohl nahe, detailliertere Regelungen zu finden. Andererseits ging damit viel von der Freiheit und Ungebundenheit verloren, die für die Frühzeit der Ursulinen charakteristisch war. Rechtlich unterstand die Gesellschaft dem Bischof, der auch den (männlichen) Oberen der Gesellschaft bestimmte. Dieser und sein Vertreter, ebenfalls ein Kleriker, besaßen sämtliche Vollmacht. Ihnen waren auch alle Frauen untergeordnet, die die verschiedenen Ämter – 29 werden insgesamt genannt – innerhalb der Gesellschaft innehatten.

Die Tatsache, daß so viele Frauen maßgebliche und leitende Funktionen ausübten, mag ihre Abhängigkeit von den männlichen Oberen etwas relativiert haben. Bei dem großen Umfang der Gesellschaft war eine allzu enge Kontrolle durch jene wohl kaum möglich, so daß vielleicht wenigstens »im kleinen« den Frauen noch eine gewisse Selbständigkeit zukam.

Von Mailand nach Avignon

Bereits in Brescia hatte sich für die Ursulinen – verstärkt durch die enge Verbindung zu den »Vätern vom Frieden« – ein neuer Wirkungskreis eröffnet: der Katechismusunterricht, mehr und mehr verbunden auch mit der Unterweisung in den Elementarfächern Lesen, Schreiben, Rechnen und Handarbeiten. Einen weiteren Anstoß erhielt diese Entwicklung, als die Ursulinen in Mailand Fuß fassen konnten.

In Mailand, das nach dem Konzil von Trient vor allem unter Kardinal Carlo Borromeo, der von 1564 bis 1584 dort Erzbischof war, zu einem Zentrum der katholischen Reform wurde, war schon 1534 eine Christenlehrbruderschaft gegründet worden. Ihre Bedeutung wuchs, als im Anschluß an die Beschlüsse des Konzils allgemein ein »flächendeckender« Katechismusunterricht angestrebt wurde. Borromeo forderte 1566 von den Ursulinen in

Brescia ihre Regeln und Satzungen an, um zu prüfen, wie weit eine Ursulinengründung zur Unterstützung der Christenlehrbruderschaft in Mailand möglich und sinnvoll wäre. Offenbar waren die Auskünfte aus Brescia sehr überzeugend, denn unmittelbar darauf wurde eine Ursulinengemeinschaft in Mailand gegründet, und bereits 1567 wurde in Mailand eine im Hinblick auf die dortigen Verhältnisse überarbeitete Ursulinenregel gedruckt.

Wichtigste Aufgabe der Mailänder Ursulinen war demnach ihre Mitarbeit bei der Christenlehre, wobei sie auch organisatorisch in enger Verbindung zur (männlichen) Christenlehrbruderschaft standen. Deren Leiter war zugleich der Obere der Ursulinen; von den Frauen kam keiner eine besondere Leitungsfunktion zu. Die Unterordnung unter einen männlichen Oberen war damit festgeschrieben. Durch diese Art der Etablierung in Mailand waren die Ursulinen noch ein weiteres Stück von dem ursprünglichen Anspruch Angela Mericis abgerückt. Andererseits waren sie nun in Mailand als dem Zentrum des Reformkatholizismus fest in das kirchliche (katholische) System integriert. Von nun an gehörten sie ohne Einschränkung zur innerkirchlichen Reformbewegung, die für den konfessionellen Katholizismus seit Ende des 16. Jahrhunderts prägend wurde. Mehr noch, die Ursulinen wurden zum wichtigsten Träger des weiblichen Teils dieser Bewegung.

Die enge Anbindung an die Christenlehrbewegung wurde auch in der Folgezeit für die Ausbreitung der Ursulinen charakteristisch. Schon bald wurde in zahlreichen Städten Italiens die Christenlehre maßgeblich von den Ursulinen mitorganisiert. Ursulinengemeinschaften entstanden nicht nur in Mailand, sondern auch in Venedig, Ferrara, Neapel, Rom, Genua, Parma, Padua, Vicenze, Verona, Bergamo, Faenza, Bologna, Foligno und Cremona. Eine der wichtigsten Etappen in der Geschichte der Ursulinen war dann jedoch der Sprung über die Grenzen Italiens hinaus – zunächst nach Frankreich und auch hier in enger Verbindung zur Christenlehrbewegung.

Die erste Station war dabei Avignon, genauer: L'Isle-sur-la-Sorgues, eine kleine Stadt in der Nähe von Avignon in der Grafschaft Venaissin. Das Venaissin gehörte zum päpstlichen Territorium, war also eigentlich nicht französisch, sondern weitgehend italienisch beeinflußt, so daß es für einen fließenden Übergang der italienischen Reformbewegung nach Frankreich die idealen Voraussetzungen bot.

In Avignon hatten in den 1580er Jahren die Priester César de Bus und Jean Baptiste Romillon nach dem Mailänder Vorbild eine Christenlehrbruderschaft, die französischen Doktrinarier (*Pères doctrinaires* oder *Pères de la doctrine Chrétienne*), gegründet. Initiatorin der Ursulinen als weiblichem Gegenstück war Françoise de Bermond (1572–1626), die durch ihren »Seelenführer« und geistlichen Ratgeber Romillon der Christenlehrbewegung nahestand und durch den Avignoner Erzbischof Grimaldi von den italienischen Ursulinen erfahren hatte.

Die Orientierung am italienischen Vorbild wurde auch für die französischen Ursulinen maßgebend. Befreundete Geistliche, die in Italien gewesen waren, hatten aus Ferrara und aus Mailand die Regeln der dortigen Ursulinen mitgebracht. Die Französinnen entschieden sich für jene von Ferrara, die im wesentlichen an der Regel von Brescia orientiert war und so noch eine größere Nähe zum Original Angela Mericis hatte als die Mailänder Fassung. 1597 erschien die erste französische Ursulinenregel – im wesentlichen eine Übersetzung der Regel von Ferrara – im französischen Tournon im Druck.

Die Gruppe von Frauen um Françoise de Bermond hatte bereits 1594 die päpstliche Erlaubnis erhalten, »Mädchen in der christlichen Lehre zu unterrichten«. Die zunächst für sich lebenden Frauen waren schon bald in ein Haus in L'Isle-sur-la-Sorgues gezogen und führten nun dort als Ursulinen unter der geistlichen Leitung des Doktrinariers César de Bus ein der Christenlehre und dem Mädchenunterricht gewidmetes gemeinschaftliches Leben. In Avignon war kurz darauf eine weitere Ursulinengründung erfolgt. Zwischen den beiden Ursulinenhäusern wie auch mit den Doktrinariern bestand eine enge Verbindung und Zusammenarbeit.

Unmittelbar durch die Ursulinen von Avignon und L'Isle-sur-la-Sorgues oder wenigstens unter ihrem Einfluß erfolgte in den nächsten Jahren mit geradezu rasanter Geschwindigkeit die Ausbreitung der Ursulinen in Frankreich. Die Ursulinen wurden gebraucht; Katechismusunterricht, religiöse Unterweisung und Seelsorge waren Bereiche, auf die sich die katholische Kirche um die Wende zum 17. Jahrhundert vor allem konzentrierte, und es wurden Kräfte gebraucht, die in der Lage waren, dies umzusetzen. Doktrinarier und Jesuiten sowie – auf weiblicher Seite – die Ursulinen waren dabei die wichtigsten Stützen. Wie die schnelle Ausbreitung der Ursulinen zeigt, fanden sich in einem Großteil der französischen Städte Frauen, die sich für eine Reform und Veränderung der Verhältnisse einsetzen wollten und sich den Ursulinen anschlossen. Charakteristisch wurde dabei die enge Zusammenarbeit mit den Jesuiten.

Ausgehend von Avignon und L'Isle-sur-la-Sorgues entstanden schon bald in der Provence weitere Ursulinengemeinschaften: 1599 in Chabeuil, 1600 in Aix-en-Provence, 1602 in Arles und in Marseille, 1605 in Toulouse. Ebenfalls 1605 kam es zu Niederlassungen in Grenoble, Romans und Dijon, 1610 entstand eine Gemeinschaft in Lyon. Wegweisend für die weitere Ausbreitung und Entwicklung der Ursulinen wurden vor allem die Gründungen in Bordeaux (1606) und Paris (1608).

Ursulinen als »Jesuitinnen«?

In Bordeaux ging die Initiative für eine Ursulinengründung vom Erzbischof François de Sourdis (1577–1628) aus. Nach dem Vorbild des Carlo Borromeo, den er tief verehrte, war de Sourdis dabei, in seiner Diözese einen regelmäßigen Katechismusunterricht einzurichten. Als Lehrerinnen hatte sich dazu bereits 1601 eine Gruppe von Frauen, die *Congrégation des Dames de la Miséricorde* (»Kongregation der Damen von der Barmherzigkeit«), zusammengefunden – ausdrücklich orientiert am Vorbild der italienischen Ursulinen. Wie für diese stand für die Frauen in Bordeaux zunächst nicht das religiöse Gemeinschaftsleben im Vordergrund, sondern die seelsorgliche Aufgabe der religiösen Unterweisung.

Zu einer endgültigen Institutionalisierung kam es schließlich, nachdem de Sourdis Kontakt zu Françoise de Bermond in Avignon aufgenommen hatte. Dort hatten die Ursulinen inzwischen einen regelmäßigen Schulunterricht eingeführt, der weit über die sonntägliche Katechese hinausging. Täglich wurden die Kinder nicht nur in Religion, sondern auch in den Elementarfächern unterrichtet. Sie lernten lesen, schreiben, rechnen und erhielten so die Grundbildung, auf die in der frühen Neuzeit allgemein immer größeren Wert gelegt wurde.

Von Françoise de Bermond hatte de Sourdis die Regel von Ferrara/Tournon erhalten, die nun auch für die Frauen in Bordeaux maßgebend sein sollte. Diese waren zunächst jedoch nicht ohne weiteres bereit, sich darauf einzulassen. Vielleicht fürchteten sie eine zu starke Festlegung und Vereinnahmung durch die ausdrückliche Anbindung an die Ursulinen. Nach längerem Zögern und nur mit der Versicherung, daß kein monastischer Orden, sondern nur eine einfache Kongregation gegründet werden sollte, konnte de Sourdis die Frauen für seinen Plan gewinnen.

Im November 1606 erfolgte schließlich die offizielle Gründung der Ursulinen; Leiterin der Gemeinschaft war Françoise de Cazères. Ganz in der Tradition der Christenlehrgesellschaften wurde die Vereinigung als *Vierges de la doctrine chrétienne* (»Jungfrauen von der christlichen Lehre«) bezeichnet, nun noch mit dem Zusatz *appellées de Saincte Ursule* (»genannt von Sankt Ursula«). Auffällig ist, wie sehr sie in Analogie zu den Jesuiten gesehen wurden. Sie nahmen die gleichen Aufgaben wie diese wahr (wenn auch – wenigstens offiziell – »nur« im Hinblick auf Frauen und Mädchen), mußte sich aber auch mit ähnlichen Anfeindungen auseinandersetzen.

Immer wieder entzündete sich die Kritik vor allem an der Lebensweise. Charakteristisch für die Jesuiten war, daß sie mit der traditionellen monastischen Ordensform gebrochen hatten. Sie sahen ihre vorrangige Aufgabe in der Seelsorge, und zwar dort, wo es gerade am dringendsten war. In der Regel gehörten sie daher nicht für immer zu einem bestimmten Haus oder Kolleg an einem bestimmten Ort, wie dies für die meisten Orden typisch war, sondern sie waren viel unterwegs und blieben nur eine gewisse Zeit – einige Monate, einige Jahre – dort, wo sie gebraucht wurden. Eine solche »freie« – heute würde man vielleicht sagen flexible und weltoffene – Lebensweise schwebte auch den Ursulinen vor.

Für Frauen erschien dies jedoch noch fragwürdiger als für Männer. Der Bruch mit der monastischen Tradition wurde als höchst skandalös empfunden. Eltern verboten ihren Töchtern, sich den Ursulinen anzuschließen, und auch seitens der kirchlichen Obrigkeit wurde von Bischöfen, Priestern und Ordensleuten immer öfter Kritik an der Lebensweise der Ursulinen »in der Welt« geübt.

Eine für die Zukunft entscheidende Wende ergab sich dann schließlich mit der Umwandlung der Ursulinengemeinschaften in eigentliche »Klöster«. Im einzelnen lassen sich die Motive und Beweggründe, die dafür den Ausschlag gaben, nur unvollständig rekonstruieren. Eine Rolle spielte sicher das Bedürfnis, kirchlich und gesellschaftlich anerkannt zu sein. Dazu kam, daß bis dahin der kirchenrechtliche Status der Ursulinen nicht geklärt war, was zum Beispiel zur Folge hatte, daß die Gemeinschaft nicht wie andere Orden Anspruch auf die Mitgift ihrer Mitglieder hatte und daher finanziell in unsicheren Verhältnissen lebte. Und nicht zuletzt mag eine Rolle gespielt haben, daß auf den engagierten, kämpferischen und reformfreudigen Aufbruch, der für den Katholizismus des 16. Jahrhunderts typisch war, im 17. Jahrhundert eine Phase folgte, die von einem Zug zur Mystik und Verinnerlichung geprägt war. Die Umwandlung der Ursulinen in einen monastischen Orden spiegelt auch diese Tendenz wider.

Alles in allem war der Prozeß der monastischen Transformation für die Ursulinen eine höchst ambivalente Angelegenheit. Er brachte nicht zu unterschätzende Vorteile, zugleich aber auch viele Einschränkungen mit sich. Viele Ursulinen sahen in ihm denn auch eine Verkehrung, ja geradezu Pervertierung des ursprünglichen Selbstverständnisses und versuchten hartnäckig, sich zu widersetzen.

Diese Auseinandersetzung innerhalb der Ursulinen um ihre Lebensform hat ihre Parallele in der Bewegung der »Jesuitinnen«. Obwohl die Jesuiten offiziell keinen weiblichen Ordenszweig hatten und einen solchen auch ausdrücklich ablehnten, waren um die Wende zum 17. Jahrhundert zahlreiche Frauenvereinigungen entstanden, die sich, soweit wie möglich, an den Jesuiten orientierten, wie diese sich dem »Apostolat in der Welt« – also Seelsorge, Katechese, Mission, Schulwesen – widmeten und dabei eng mit den Jesuiten zusammenarbeiteten. Diese Jesuitinnen – am bekanntesten sind die von der Engländerin Mary Ward (1585–1645) gegründeten »Englischen Fräulein« –

gerieten bei der kirchlichen Obrigkeit schon bald in Mißkredit. Das »freie« Engagement »in der Welt« wurde nicht gern gesehen: Eine solche Lebensweise gehöre sich für Frauen nicht, ihre Sittlichkeit und Ehre sei dabei gefährdet, und durch ihr Verhalten brächten sie auch die Männer, die mit ihnen zusammenarbeiten, also vor allem die Jesuiten, in Verruf.

Dazu kam die zunehmende Tendenz einer Klerikalisierung der katholischen Kirche. Die Reform des Klerus durch das Konzil von Trient hatte zugleich die Bedeutung der Kleriker wieder betont und den Einfluß der Laien zurückgedrängt. Für Frauen, die selbst als Ordensfrauen kirchenrechtlich nichts anderes als Laien sein konnten, war dies mit zunehmenden Einschränkungen verbunden.

Gleichzeitig war auf dem Trienter Konzil im Zusammenhang mit den Beschlüssen zur Reform der Klöster festgelegt worden, daß weibliche Ordensgemeinschaften grundsätzlich in strenger Klausur, also zurückgezogen und abgeschlossen von der Außenwelt, leben sollten. Der Anspruch der Jesuitinnen und Ursulinen, bewußt ohne Klausur zu leben, war damit zum Scheitern verurteilt. Die »Englischen Fräulein« Mary Wards, die dies allen Widrigkeiten zum Trotz am konsequentesten durchzusetzen versuchten, wurden 1631 vom Papst verboten und ihre Niederlassungen aufgelöst. – Die Ursulinen konnten dem nur entgehen, indem sie die Klausurvorschriften übernahmen und sich auf Kompromißlösungen einließen.

Klausur und viertes Gelübde

Bis zur Mitte des 17. Jahrhunderts hatte sich die Umgestaltung der Ursulinen in einen monastischen Orden allgemein durchgesetzt. Der eigentliche Anstoß dazu war von Paris ausgegangen.

Paris war um die Wende zum 17. Jahrhundert ein Zentrum des Katholizismus, eines Katholizismus zudem, der starke mystische Tendenzen aufwies. Zu den prägenden Persönlichkeiten gehörten Madeleine Lhuillier de Sainte-Beuve und Barbe Acarie, ebenso fromme wie einflußreiche und wohlhabende Witwen, die sich ganz in den Dienst der katholischen Reformbewegung stellten. Sie hatten die reformierten Karmeliterinnen der Teresa von Avila nach Paris und damit erstmals nach Frankreich geholt, und sie setzten sich für die Einrichtung einer Ursulinengemeinschaft in Paris ein.

Nachdem sie bereits 1607 die Regel der provenzalischen Ursulinen erhalten hatten, luden sie im Jahr darauf Françoise de Bermond nach Paris ein, um mit ihr zusammen eine Ursulinengründung vorzubereiten. Schon bald wurde jedoch deutlich, daß man in Paris andere Vorstellungen von den Ursulinen hatte als in der Provence. Die Pariserinnen betonten weit mehr das Kontemplative, orientierten sich stärker an der traditionellen Ordensform und strebten für die Ursulinen einen monastischen Orden mit feierlichen Gelübden an. Damit stellte sich jedoch zugleich die Frage der Klausur. Die Abgeschlossenheit der Ordensfrauen von der Welt – konkretisiert meist durch eine Mauer um die Klosteranlage und durch das Verbot, das Kloster zu verlassen – war gemäß dem geltenden Kirchenrecht unabdingbar für einen weiblichen Orden mit feierlichen Gelübden. Solange die Ursulinen nicht diesen Status beanspruchten, hatten sie sich, wenn auch nicht unumstritten, der Klausurverpflichtung entziehen können.

In Paris kam es nun zu heißen Diskussionen über das Für und Wider der Klausur, wobei sich die Befürworter, allen voran Madeleine de Sainte-Beuve, schließlich durchsetzten. Die provenzalischen Ursulinen beriefen Françoise de Bermond aus Protest nach Avignon zurück. In Paris ging man jedoch daran, Vorschläge zu erarbeiten, wie die Verbindung der für die Ursulinen charakteristischen Tätigkeit mit einer monastischen Lebensform möglich sein könne.

1610 wurde ein Gremium einberufen, dem außer Barbe Acarie und Madeleine de Sainte-Beuve mehrere der angesehensten Pariser Theologen (u. a. Pierre Bérulle und drei Jesuiten) angehörten und das über einen Grundriß für entsprechende Konstitutionen der Gemeinschaft beraten sollte. Wichtigstes Ergebnis der Verhandlung war die Festschreibung eines zusätzlichen feierlichen Gelübdes, durch das sich die Ursulinen zur Erziehungstätigkeit trotz Klausur verpflichteten. Durch dieses vierte Ordensgelübde und durch die Entscheidung, die ursprüngliche Ursulinenregel mit der Augustinusregel als »echter« Ordensregel zu verbinden, sollte die Eigenart der Ursulinentätigkeit trotz des monastischen Lebens beibehalten werden.

<u>1612 genehmigte Papst Paul V. mit der Bulle »Inter universa« die Erziehungstätigkeit als Ordenszweck und das vierte Gelübde der Ursulinen.</u> 1614, also zwei Jahre später, legten die ersten Ursulinen in Paris die feierliche Profeß ab. Die Konstitutionen wurden in der folgenden Zeit weiter überarbeitet und schließlich 1623 gedruckt.

Auffällig ist auch bei den Pariser Ursulinen die große Nähe zu den Jesuiten, die jedoch – wieder einmal – zwiespältige Konsequenzen hatte. Die Konstitutionen von Paris sind sehr deutlich von den Jesuitensatzungen geprägt – bis hin zu wörtlichen Übereinstimmungen. Die Verfassung der »Gesellschaft Jesu«, die als eigentlicher Orden mit feierlichen Gelübden anerkannt war und sich der Erziehungstätigkeit widmete, war für die Pariserinnen ein wesentlicher Orientierungspunkt. Auch die Idee, ein viertes Gelübde abzulegen, hatte ihre Entsprechung bei den Jesuiten, die ebenfalls ein viertes Gelübde ablegten, das sich auf ihren besonderen Ordenszweck bezog: Sie gelobten, dem Papst als Leiter der Kirche »immer, wenn sie gebraucht werden«, das heißt für die verschiedenen Formen der Mission und Glaubensverbreitung, zur Verfügung zu stehen.

Gerade die Tatsache, daß die Jesuiten trotz ihrer Tätigkeit »in der Welt« – die sich ja im wesentlichen ebenfalls auf den Bereich der Erziehung bezog – einen Orden mit feierlichen Gelübden bildeten, gab offenbar für die Pariserinnen den Anstoß, einen ähnlichen Status anzustreben. Die Probleme, die dabei aufbrachen, machen allerdings deutlich, wie schwierig es war, das, was für Männer Gültigkeit hatte, auf Frauen zu übertragen. Die beiden Geschlechter wurden mit unterschiedlichem Maß gemessen: Für Frauen gab es strenge Klausurbestimmungen; die Freiheit und Beweglichkeit, die für die Jesuiten selbstverständlich war, wurde ihnen nicht zugestanden. Daß es den Pariser Ursulinen gelang, trotz Klausurverpflichtung und Klostermauern an der Erziehungstätigkeit als wichtigster und eigentlicher Aufgabe festzuhalten, war ein Erfolg, den sie für sich verbuchen konnten.

Von der Laienbewegung zum monastischen Orden?

Der Einfluß der Pariser Gründung auf die Ursulinenbewegung als ganze kann kaum hoch genug eingeschätzt werden. Bis 1640 wurden von Paris aus 38 neue Ursulinenniederlassungen gegründet, zudem nahmen um 1620 auch die von Lyon und Dijon aus gegründeten Gemeinschaften die Pariser Konstitutionen an – einschließlich eines vierten Gelübdes und der Klausurverpflichtung. Die übrigen französischen Ursulinen zogen in den 1630er Jahren mehr oder weniger gezwungen nach. Vereinzelt gab es massiven Protest und den Versuch, sich der monastischen Umgestaltung zu widersetzen oder diese rückgängig zu machen. Auf Dauer blieb dieser Widerstand jedoch erfolglos.

Eine Ausnahme bildeten die von Anne de Xainctonge (1567–1621) 1606 gegründeten Ursulinen von Dole (Burgund), denen es gelang, einen eigenen Weg zu gehen. Sie lehnten die Klausurvorschriften kompromißlos ab, beschränkten sich aber auf einfache Gelübde und beanspruchten keine formelle päpstliche Anerkennung als Orden, sondern gaben sich mit der bischöflichen Bestätigung zufrieden. Bis in die Gegenwart bilden die Ursulinen von Dole und ihre Tochtergründungen damit einen unabhängigen, sich von den übrigen Ursulinen unterscheidenden und abgrenzenden Zweig.

In Bordeaux versuchte Kardinal de Sourdis zwar, sich einer Umwandlung der Ursulinen in einen eigentlichen Orden mit Klausur entgegenzustellen, konnte sich damit jedoch nicht durchsetzen, zumal auch die Mehrheit der Ursulinen in Bordeaux schließlich die Transformation wünschte. Die Frauen waren offenbar zu der Erkenntnis gekommen, daß sie nur so in der kirchlichen, aber auch »weltlichen« Öffentlichkeit die Anerkennung gewinnen konnten, die sie brauchten, um die Aufgaben, die sie sich gestellt hatten, zu erfüllen.

Mit Hilfe der Jesuiten erarbeitete man daher auch in Bordeaux eine neue Regel, die die Augustinusregel (als traditionelle Ordensregel) mit der Regel Angela Mericis und den Satzungen der Jesuiten verband. Interessant ist dabei, daß es außer den im Kloster lebenden Ursulinen, die wegen der Klausurvorschrift darauf beschränkt waren, nur innerhalb des Klosters zu unterrichten, noch eine weitere Gruppe von Frauen (eine *congrégation des Dames*) gab, die – was eigentlich immer auch zur Tätigkeit der Ursulinen gehörte – außerhalb des Klosters in Gefängnissen, Hospitälern und ähnlichen Einrichtungen religiöse Unterweisung erteilten. Das Problem, trotz monastischer Um-

wandlung noch den eigentlichen Aufgaben der Ursulinen in der Tradition Angela Mericis gerecht zu werden, hatte man in Bordeaux also faktisch durch eine Zweiteilung der Gemeinschaft (»innen« und »außen«) zu lösen versucht. 1618 erfolgte die päpstliche Bestätigung und Anerkennung der Ursulinen als (klausurierter) Orden mit der Augustinusregel, und in den folgenden Jahren übernahmen auch die von Bordeaux aus gegründeten Niederlassungen die neuen Konstitutionen.
Paris und Bordeaux waren zu den bedeutendsten Zentren der Ursulinen in Frankreich geworden, die mit den von ihnen aus gegründeten und mit ihnen in Verbindung stehenden Ursulinengemeinschaften eigene »Observanzen« bildeten. Weniger einflußreich blieben die Observanzen von Toulouse und Lyon (1615 und 1620 päpstlich bestätigt). Vor allem Bordeaux wurde seit den 1620er Jahren auch für die Ausbreitung der Ursulinen außerhalb Frankreichs maßgebend. 1622 übernahm die Ursulinengemeinschaft von Lüttich, die bereits seit 1614 bestand, die Konstitutionen von Bordeaux und wurde damit Bordeaux affiliert. Lüttich wiederum wurde Ausgangspunkt für zahlreiche weitere Gründungen in Flandern und Wallonien (Givet 1619, Dinant 1627, Mons 1634/46, Valenciennes 1654, Gent 1662, Brüssel 1664), aber auch in Deutschland. Die erste deutsche Niederlassung entstand 1639 in Köln. Es folgten Ursulinengründungen in Prag (1655), Wien (1660), Meßkirch (1660), Landshut (1668), Klagenfurt (1670), Preßburg (1676), Düsseldorf (1681), Düren (1681), Graz (1686), Breslau (1687), Straubing (1691) Innsbruck (1691), Salzburg (1695), Neuburg (1698), Dorsten (1699), Schweidnitz (1700), Monschau (1710).
Auch – oder vielleicht gerade – in seiner monastischen Form gelang dem Orden eine weitere Ausbreitung, die mit der Zeit eine weltweite Dimension erreichte. Der qualitative Sprung von der Laienbewegung zum eigentlichen

Orden hatte zwar einen Wandel gebracht, wie ihn Angela Merici weder vorausgesehen noch gewünscht hatte, konnte aber den neuen Impuls, den die Ursulinen in das weibliche Ordensleben gebracht hatten, die Öffnung zur Welt, nicht mehr rückgängig machen. Trotz monastischer Transformation und trotz Klausur wurden die Ursulinen zu dem weiblichen Schulorden schlechthin. Die von Angela Merici grundgelegte Offenheit für die »Welt« konnte durch die Klausurvorschriften nicht mehr grundsätzlich in Frage gestellt werden. Die Ursulinen unterschieden sich damit auch nach der monastischen Transformation noch wesentlich von den traditionellen Frauenorden.

5. Schulen und Pensionate – die Ursulinen als Lehrerinnen

Die große Vielfalt der Ursulinengründungen seit dem 17. Jahrhundert ist kaum zu überblicken. Allein in Frankreich wurden hunderte von Klöstern gegründet, so daß in den meisten Städten eine Ursulinenniederlassung und, mit ihr verbunden, eine Mädchenschule bestanden. Die Ursulinen wurden mehr und mehr zum Schulorden schlechthin.

Es gab allerdings auch Konkurrenz, wie z. B. die von Jeanne de Lestonnac (1556–1640) in Bordeaux gegründete *Compagnie des Filles de Marie*, die auf Alix Le Clerc (1576–1622) und Pierre Fourier (1565–1640) zurückgehende, vor allem in Lothringen verbreitete *Congrégation de Notre-Dame*, die von Jeanne Françoise de Chantal (1572–1641) und Franz von Sales (1567–1622) gegründeten Visitantinnen und die vielen semireligiosen Gemeinschaften, Gruppen frommer, »gottgeweihter« Frauen, die sich Anfang des 17. Jahrhunderts überall dort, wo die katholische Reform auf den Weg gebracht und durchgeführt werden sollte, zusammenfanden.

Wie das Verhältnis der Ursulinen zu diesen Vereinigungen aussah, müßte im einzelnen untersucht werden. In manchen Fällen scheiterte eine Ursulinengründung, weil bereits eine der anderen Gemeinschaften am Ort war und eine Schule eingerichtet hatte, doch insgesamt gab es im 17. Jahrhundert genug Bedarf an Ordensfrauen und Mädchenschulen, so daß die Konkurrenz weniger als Rivalität und eher als gegenseitige Ergänzung erscheint. Die Ursulinen erlangten dabei die weiteste Verbreitung. Seit Ende des 17. Jahrhunderts waren ihre Schulen im katholischen Raum zur Selbstverständlichkeit geworden.

Dennoch ist die Geschichte der Ursulinen nicht nur eine

Erfolgsgeschichte. Die Anfänge waren oft mühsam, es gab Schwierigkeiten, Konflikte und Rückschläge, und die Ursulinen mußten sich immer wieder der kritischen Frage nach dem Sinn und der Zeitgemäßheit ihrer Lebensform und ihres Selbstverständnisses stellen. Im folgenden sollen die großen Linien dieser Entwicklung nachgezeichnet werden, wobei besonders die Verhältnisse im deutschen Sprachraum im Blick sind. Den Auftakt dazu bildet die Gründung des ersten deutschen Ursulinenklosters in Köln.

Schwierige Anfänge

Ein Kloster in Köln zu gründen bot sich für die Ursulinen aus mehreren Gründen an: Zum einen bestanden seit 1585 enge Beziehungen zwischen dem Bistum Lüttich und dem Erzbistum Köln, die beide in der Hand der Wittelsbacher waren, so daß für die Lütticher Ursulinen Köln ein naheliegendes Ziel war. Darüber hinaus hatte Köln mit der Ursulakirche und der »Goldenen Kammer« für die Ursulinen natürlich einen besonderen Reiz. Dort wurden die Reliquien der heiligen »Ursula und ihrer elftausend Jungfrauen« aufbewahrt, der Mittelpunkt der Ursulaverehrung überhaupt.

Die Initiatorin der Kölner Gründung war Augustina de Heers († 1666), die 1625 in das Lütticher Kloster eingetreten und dort 1638 Oberin geworden war. Im November 1639 reiste sie zusammen mit zwei Schwestern, Oliva Benstenrath und Alexis de Jonghen, und einer deutschsprechenden Magd nach Köln, um dort ein Kloster zu gründen. Die vier Frauen wurden zwar vom Kölner Erzbischof und seinem Generalvikar unterstützt, stießen aber sonst auf zahlreiche Widerstände und konnten zunächst nur sehr mühsam Fuß fassen. Konfliktträchtig war vor allem, daß es in Köln bereits eine »Ursulagesellschaft« gab, eine Gemeinschaft von »Devotessen«, von *virgines devotae*, also »frommen Jungfrauen«, die zwar mit den italienischen und französischen Ursulinen unmittelbar nichts zu tun hatten, jedoch wie diese im Katechismus- und Elementarschulunterricht tätig waren und den Jesuiten so nahestanden, daß ihre Mitglieder auch als »Jesuitinnen« oder »Jesuitessen« bezeichnet wurden. Religiöser Mittelpunkt dieser »Ursulagesellschaft« war die Ursulakirche.

Die Lütticher Ursulinen, die sich nun in Köln etablieren wollten, traten also zur »Ursulagesellschaft« in doppelte Konkurrenz: Auch sie wollten sich möglichst an der Ursulakirche, dem Zentrum der Verehrung ihrer Patronin, niederlassen, und auch sie wollten sich in erster Linie dem Schulunterricht widmen. Da die Jesuitinnen der »Ursulagesellschaft« jedoch ältere Rechte und einen breiteren Rückhalt im Kölner Bürgertum hatten, gelang dies nur sehr langsam.

1641 gewährte man den Ursulinen zwar das Aufenthaltsrecht in der Stadt, jedoch nur befristet und mit der Auflage, es alle drei Monate erneuern zu lassen. Zugleich wurde ihnen streng verboten, ein Kloster einzurichten. Das Bemühen um eine Niederlassung im Stiftsgebäude von Sankt Ursula scheiterte am Widerstand der Äbtissin. Erst Ende der 1640er Jahre kam es zu einer Wende: Die jesuitische »Ursulagesellschaft« hatte sich durch interne Streitigkeiten aufgerieben und war in der Öffentlichkeit in Mißkredit geraten; die Ursulinen wurden nun bewußter als eine Alternative wahrgenommen und gewannen an Ansehen.

1651 erhielten sie schließlich das dauernde Aufenthalts- und Bürgerrecht und die Erlaubnis, in Köln ein Kloster mit Klausur zu gründen und eine Schule einzurichten. Zur Begründung hieß es: »Weil die Ursulinen-Jungfrawen sich zeither in dieser Stadt exemplariter verhalten und sowohl hohen als auch anderen Standes ehrliebende Kinder in Gottesfurcht und allem anderen Guten instruierten, wolle man denselben versicherten Verbleib allhier gestatten.« Zwanzig Jahre später (1671) erwarben die Kölnerinnen ein Grundstück mit drei kleinen Häusern in der Machabäerstraße, an dem Ort, an dem angeblich die heilige Ursula und ihre elftausend Gefährtinnen das Martyrium erlitten hatten. 1673 wurde dort der Grundstein für ein neues Kloster gelegt, in den folgenden Jahrzehnten entstanden ein Schulgebäude und die Fronleichnamskirche, die 1712 geweiht wurde.

Seit 1692 bestand auch ein Vertrag mit der Stadt Köln, in dem festgelegt war, daß die Ursulinen kostenlos »sowohl für arme wie reiche Kinder Unterricht erteilen an Werk-, Sonn- und Feiertagen im Lesen, Schreiben, Rechnen, Wirken, Nähen, Gold-, Silber-, Seiden- und allerhand Stickwerk, in Sprachen, Instrumentalsingen und in übrigen, dem weiblichen Geschlecht anstehenden Übungen, wie die auch Namen haben mögen und darin die Ursulinen erfahren seien zu unterweisen«. Wie die Unterrichtsinhalte im einzelnen aussahen, ist aus der frühen Zeit nicht überliefert. Mit der in der allgemeinen Formulierung »und in übrigen... Übungen...« gegebenen Offenheit für weitere Unterrichtsfächer war jedoch der Grund gelegt für die Entwicklung einer »höheren« Mädchenschule, deren Unterricht über die einfache Vermittlung von Elementarkenntnissen hinausging. Die Kölner Ursulinenschule kann denn auch als die älteste deutsche höhere Mädchenschule gelten. Der Unterricht selbst erfolgte sowohl für »externe« Schülerinnen, die zu Hause in ihrem Elternhaus lebten, als auch für Pensionärinnen, die bei den Ursulinen als »Kostgängerinnen« wohnten und dafür auch »Kostgeld« zahlten.

Wenigstens am Rande sei vermerkt, daß 1639, das Jahr der Kölner Gründung, nicht nur für die deutschen Ursulinen ein epochemachendes Jahr war. Für den Orden allgemein war von weit größerer Tragweite, daß im gleichen Jahr auch die erste Ursulinengemeinschaft in Übersee entstand. Marie Guyard (1599–1672), die sich mit ihrem Ordensnamen Marie de l'Incarnation (Maria von der Menschwerdung) nannte, war 1622 als Witwe in das Ursulinenkloster in Tours eingetreten. 1639 reiste sie nach Quebec und gründete dort die erste Ursulinenniederlassung, zugleich die erste weibliche Ordensgemeinschaft überhaupt in Amerika.

In Mitteleuropa kam es in der zweiten Hälfte des 17. Jahrhunderts noch zu etlichen weiteren Ursulinengründungen. Oft waren der katholische Landesherr oder der Ortsbischof die treibende Kraft. Man sah in den Ursulinen nicht zuletzt ein wichtiges »gegenreformatorisches« Instrument zur Verfestigung des Katholizismus: In den Ursulinenschulen sollten Mädchen zu glaubensfesten katholischen Frauen erzogen werden, die in der Lage waren, ihre katholische Religion auch an ihre Kinder weiterzugeben.

So wurde Köln zum Mutterkloster der Ursulinenklöster in Düsseldorf (1681) und Dorsten (1699), die beide wie Köln und Lüttich zur Observanz von Bordeaux gehörten. Unmittelbar von Lüttich aus gegründet wurden außer Köln noch die Klöster in Wien (1660) und Düren (1681), von Wien aus Preßburg (1676) und Graz (1686), von Preßburg aus Breslau (1687), von dort aus u.a. Schweidnitz (1700). Ebenfalls zur Observanz von Bordeaux gehörten die von Dinant – einer Tochtergründung Lüttichs – aus gegründeten Klöster in Aachen (1651) und Meßkirch (1660) und das auf dieses zurückgehende in Landshut (1668). Von Landshut aus erfolgten 1691 schließlich Neugründungen in Straubing und Innsbruck. Parallel dazu entstanden auch mehrere Ursulinenklöster der Pariser Observanz. Diese gingen von dem von Paris aus 1615 ge-

gründeten Kloster in Mâcon aus: Metz (1649), Erfurt (1667), Kitzingen (1660), Duderstadt (1700), Fritzlar (1711) und Würzburg (1712).
Wie schwierig oft die Anfangszeit einer Neugründung war, läßt sich am Beispiel Düsseldorfs nachvollziehen. Dort hatten seit 1677 drei Ursulinen aus Aachen versucht, Fuß zu fassen. Sie richteten eine Schule ein und bemühten sich bei der Stadt um die Erteilung eines dauernden Wohnrechts, das 1680 schließlich auch gewährt wurde. Doch die Gründung stand zunächst unter keinem guten Stern. Die Schule der Ursulinen stieß zwar in der Bevölkerung auf große Resonanz, doch angesichts der Vielzahl von Schülerinnen waren die wenigen Schwestern kaum in der Lage, einen geregelten Unterricht durchzuführen. Außerdem hatten sie ständig mit Geldnöten zu kämpfen und konnten kaum ihren Lebensunterhalt bestreiten.
Das Mutterhaus in Aachen, das der personell und finanziell überforderte kleine Düsseldorfer Konvent um Unterstützung bat, war selbst nicht in der Lage zu helfen. Man wandte sich daher an Köln. Köln wiederum war nur bereit, Schwestern nach Düsseldorf zu schicken und finanzielle Mittel bereitzustellen, wenn ihm die Düsseldorfer Niederlassung ganz übertragen würde. Da die Alternative in der Auflösung des Düsseldorfer Hauses bestanden hätte, willigten Düsseldorf und Aachen schließlich widerstrebend ein. 1681 verzichteten die Aachener formell auf die Gründungsrechte in Düsseldorf, und der Düsseldorfer Konvent wurde den Kölner Ursulinen übereignet.
Aus der Klosterchronik geht hervor, mit welchen Spannungen – sowohl zwischen den Ursulinen der verschiedenen Konvente als auch zwischen den Ursulinen und der Stadtbevölkerung – dieser Übergang verbunden war. Die Kölner Schwestern, besonders Maria Johanna Cordula, die als Oberin nach Düsseldorf geschickt worden war, wurden dort sehr kühl empfangen; in Düsseldorf hatte

man den Eindruck, die eigenen Schwestern seien rücksichtslos verdrängt worden. Die neue Oberin aus Köln notierte über ihren Anfang in Düsseldorf: »Wir haben von den leuten viele schmäwort mußen anhören, jedermann war wider unß, so woll geistlich als weltlich, und hatten kein einzigen menschen zu Dusseldorff auff unserer Seit und gaben uns alle Unrecht mit erdichtung vieler lügen.«
Mit der Zeit glätteten sich jedoch die Wogen. Die Verhältnisse in Düsseldorf stabilisierten sich, und letztlich erwies sich die Anbindung an Köln für die Düsseldorfer Gemeinschaft als vorteilhaft. 1697 erfolgte von Düsseldorf aus sogar eine Tochtergründung in Neuburg.

»Schier den Jesuiten gleich«

Sehr deutlich ist in der Frühzeit des Düsseldorfer Konvents die Orientierung der Ursulinen an den Jesuiten. Bei der Suche nach einem Gebäude für die dauerhafte Einrichtung eines Klosters bemühte man sich auch um ein Haus in unmittelbarer Nähe des Düsseldorfer Jesuitenkollegs. Im Zusammenhang damit schrieb eine der Schwestern, man habe die Absicht, eine Schule einzurichten, die »schier den Jesuiten gleich« sei, ein weibliches Äquivalent zum Jesuitengymnasium also.
Die geistige Nähe der Ursulinen zu den Jesuiten hatte sich vor allem in Frankreich entwickelt und blieb auch im 17. und 18. Jahrhundert für die deutschen Gründungen charakteristisch. Ihren äußeren Ausdruck fand dies u. a. darin, daß die Ursulinen in ihre Wappenbilder und Siegel wie die Jesuiten das spätmittelalterliche Christusmonogramm »IHS« übernahmen – die griechischen Anfangsbuchstaben des Namens »JESus«, die im Deutschen als »Jesus, Heiland, Seligmacher« gedeutet wurden. Auch einer der er-

sten Grundsteine für das Konventsgebäude von Düsseldorf trug dieses Kürzel.
Den Bezug zum Jesuitenorden spiegelt ebenfalls die Gestaltung einer im Düsseldorfer Klosterschatz erhaltenen Retabelmonstranz wider. Auf ihr werden vier Heilige dargestellt: Ursula, Augustinus, Carlo Borromeo und Ignatius von Loyola. Während die drei ersten typische »Ursulinenheilige« sind, nämlich Ursula als Namenspatronin, Augustinus wegen der von den Ursulinen übernommenen Augustinusregel und schließlich Borromeo als derjenige, der für die Verbreitung der Ursulinen über Brescia hinaus gesorgt hatte, verweist Ignatius auf die Nähe zum Jesuitenorden. Ignatius war offenbar, obwohl er mit der Geschichte der Ursulinen unmittelbar nichts zu tun hatte, in die Reihe der Ordenspatrone aufgenommen worden. Auf der gleichen Linie liegt, daß in der relativ umfangreichen Bibliothek des Düsseldorfer Klosters Werke jesuitischer Autoren die größte Gruppe von Büchern bildeten.
Die Orientierung am Vorbild der Jesuiten ist auch aus Landshut, wo seit 1668 eine Niederlassung der Ursulinen bestand, ausdrücklich überliefert: Die Ursulinen seien in Bayern eingeführt worden, damit, wie die Oberin von Landshut 1690 schrieb, »unserem Institut gemäß das weibliche Geschlecht durch uns nit minder als das männliche durch die Herren PP. [=Patres] Societatis Jesu, in gueten Sitten, wolanständigen Khünsten und allen Tugenten unterwiesen werden solle«. Die Ursulinen wollten für die Mädchen »dieselbe eifrige Unterweisung« leisten, wie die Jungen sie durch die Jesuiten erhielten.
Daß diese ideelle Nähe zu den Jesuiten Konflikte nicht ausschloß, wird deutlich im Streit der Ursulinen mit den ebenfalls von Jesuiten unterstützten und mit ihnen zusammenarbeitenden Devotessen. Von diesen Konflikten waren die Anfänge der Gründungen nicht nur in Köln, sondern beispielsweise auch in Düsseldorf und Düren

überschattet. In Düsseldorf bestanden in der zweiten Hälfte des 17. Jahrhunderts sechs Devotessenschulen, an denen Mädchen kostenlos in der Christenlehre und in den Elementarfächern unterrichtet wurden. In Düren, wo es seit 1661 eine von jesuitischen Devotessen geführte Mädchenschule gab, wurde deshalb das Gesuch der Lütticher Ursulinen, in Düren eine Niederlassung einzurichten, vom Rat der Stadt zunächst abgelehnt. Die Genehmigung wurde erst erteilt, als der Erzbischof von Köln sich für die Gründung einsetzte und zudem die Ursulinen versicherten, sie würden der Stadt nicht zur Last fallen, weil jede Schwester eine große Mitgift mitbringe. Trotz dieses oft schwierigen Beginns gelang es den Ursulinen doch, sich langfristig gegen die Konkurrenz der Devotessen durchzusetzen.

Der Unterricht: Tugend und/oder Gelehrsamkeit

Die Unterrichtstätigkeit der Ursulinen war meist auf zwei Bereiche aufgeteilt: »außwendige Schul« und »pension: schul«, wie es die erste Oberin des Dorstener Klosters, Maria Victoria von Nesselrode-Reichenstein (1666–1758), nannte, also Elementarschule einerseits und höhere Schule und Pensionat andererseits.
Für Klosterleben und Schulorganisation blieben dabei bis in die Neuzeit auch in Deutschland die Satzungen der französischen Ursulinen maßgebend, wie sie etwa im *Règlement* der Ursulinen von Paris von 1654 niedergelegt sind. Dort finden sich ausführliche Anweisungen für das Zusammenleben im Internat und für den Schulunterricht, sowohl für die religiöse Unterweisung als auch für den Unterricht in den »weltlichen« Fächern.
Die pädagogischen Prinzipien erscheinen dabei recht modern: Die Mädchen sollen ihren Fähigkeiten und Neigun-

gen gemäß gefördert werden; die Lehrerinnen dürfen keine bevorzugen oder benachteiligen; wenn die Mädchen einen Fehler machen, sollen die Lehrerinnen dem mit Sanftmut und Milde begegnen. Wegweisend wurde auch, daß außer den Lehrerinnen, die den eigentlichen Unterricht erteilen, eine weitere Lehrerin vorgesehen ist, die als besondere Bezugsperson für die Pensionärinnen auch außerhalb des Schulunterrichts dasein soll.
Hinsichtlich der Lehrinhalte war die religiöse Unterweisung grundlegend für den gesamten Schulstoff. Darüber hinaus wurde in den »deutschen« Elementarschulen, den »äußeren« Schulen, Mädchen aus allen Schichten der Bevölkerung Grundkenntnisse im Lesen, Schreiben, Rechnen, später auch in Geographie, Geschichte und Naturkunde vermittelt; außerdem erhielten sie eine handwerkliche Ausbildung im Bereich der Textilverarbeitung, die sie dazu befähigen sollte, sich selbst ihren Lebensunterhalt zu verdienen.
Neben diesen »externen« Elementarschulen, die allen in der Regel kostenlos offenstanden, gab es die »Pensions-Schulen«, höhere Schulen, an denen die »Pensionärinnen«, also Mädchen, die gegen Entgelt im Internat der Ursulinen wohnten, unterrichtet wurden. Über die Elementarkenntnisse hinaus standen hier u. a. Fremdsprachen (Latein, Englisch, Französisch, Holländisch), Welt- und Kirchengeschichte, Zeichnen, Musik, oft auch besondere Handarbeiten (in Köln z. B. die Goldstickerei) auf dem Stundenplan. Die Pensionärinnen kamen zunächst vor allem aus dem Adel, später auch aus dem Stadtbürgertum und erhielten bei den Ursulinen jene Bildung, die von einem Mädchen der Oberschicht erwartet wurde. Im 17. und 18. Jahrhundert waren dies im wesentlichen Sprachen, vor allem Französisch, und eine möglichst umfassende Allgemeinbildung.
Wie die Lehrpläne im Detail aussahen, ist aus der Frühzeit

der Ursulinen leider nicht überliefert. Ob sie dem häufig formulierten Anspruch, Mädchen die gleiche Bildung zu vermitteln, wie Jungen sie bei den Jesuiten erhielten, tatsächlich gerecht wurden, mag man bezweifeln. Die Mädchen wurden in den Ursulinenschulen in erster Linie auf ihre Rolle als Haus- und Ehefrau vorbereitet, und dazu schienen vertiefte wissenschaftliche Kenntnisse weniger wichtig als Frömmigkeit, gute Umgangsformen und die Fähigkeit zur »gebildeten« Konversation.

In einer Ausgabe des *Règlement* von 1705 (Ursulinenkloster Erfurt) kommt zum Ausdruck, wie die Prioritäten gesetzt werden sollten. Dort heißt es: »Die Lehrerin soll alle Anstrengungen unternehmen, um die Pensionärinnen mehr zur Frömmigkeit und zur Tugend zu bringen als zur Wissenschaft. Obgleich das eine und das andere notwendig ist, gefällt es Gott mehr und ist es für sie nützlicher, fromm und tugendhaft als gelehrt zu sein.«

Diese Bemerkung mag eine Anspielung sein auf die Diskussion um die Gelehrsamkeit der Frauen, die im 17. Jahrhundert zwischen »Frauenfeinden« und »Frauenfreunden«, so die zeitgenössischen Selbstbezeichnungen, mit viel Polemik auf beiden Seiten geführt wurde. In ihren Schriften betonten die »Frauenfreunde« und »-freundinnen« immer wieder, daß Frauen die gleichen intellektuellen Fähigkeiten haben wie Männer und ihnen somit auch die gleichen Bildungsmöglichkeiten gewährt werden müßten.

Die Ursulinen griffen nicht mit eigenen Schriften in diesen Streit ein und vertraten wohl in der Regel eine eher konservative Position. Die massive Kritik, die die erklärten »Frauenfreunde« am gesellschaftlichen und kirchlichen Frauenbild übten – manche sprachen sich sogar dafür aus, das rein männliche Priestertum abzuschaffen –, teilten sie sicher nicht. Sie identifizierten sich mit der katholischen Kirche und stellten deren Lehre und Menschenbild nicht

grundsätzlich in Frage. Die Religiosität stand daher immer im Vordergrund.
Andererseits geht selbst aus dem zitierten Passus des *Règlement* hervor, daß auch die wissenschaftliche Ausbildung (wie die Frömmigkeit und Tugend) als notwendig angesehen wurde. Zudem haben die Ursulinen durchaus eine lange Tradition von wissenschaftlich gebildeten Frauen hervorgebracht, die nicht gerade auf Vorbehalte gegenüber weiblicher Gelehrsamkeit schließen läßt. Theorie und Praxis scheinen hier nicht ganz übereinzustimmen: Wenigstens offiziell paßte man sich an die Gegebenheiten an und bot keinen Ansatzpunkt für Kritik. In der Praxis, im Schulalltag, gab es aber durchaus Freiräume und Möglichkeiten, die »Grenzen des Geschlechts« zu überschreiten, ohne in extreme Polemik zu verfallen.

»Vernünftige Erziehung zu guten Bürgerinnen«

Der große Zulauf, den die Ursulinenschulen und -pensionate hatten, läßt darauf schließen, daß die Ursulinen den Bedürfnissen der Zeit entsprachen und breite gesellschaftliche Anerkennung fanden, auch dann noch, als die Kritik der Aufklärer an den kirchlichen Mißständen und am kirchlichen Einfluß überhaupt immer lauter wurde. Noch 1784 bestätigte Kurfürst Karl Theodor von Bayern, Landesherr des Herzogtums Jülich, Anhänger der Aufklärung und Förderer des Schulwesens, den Ursulinen von Düren, daß der Orden »dem gemeinen Wesen sehr nützlich seye, man solte fleißig Kinder annehmen, welche solchen menschenliebe, fried und einigkeit fortzusetzen im stande wären«.
In einem Bericht der Kölner Ursulinen von 1809 heißt es, daß ihre Elementarschule von etwa 200 Schülerinnen »des

Kleinbürgertums sowie der Schicht der Armen« täglich, außer an Sonn- und Feiertagen, von 9 bis 17 Uhr besucht werde. Im Pensionat sei die Zahl der Schülerinnen allerdings von 50 auf 25 zurückgegangen.
Dieser Bericht war in einer der Krisenzeiten des Ordens entstanden. Die antikirchliche Gesetzgebung im Gefolge der Französischen Revolution und die mit ihr angebahnte Säkularisierung hatten die Ursulinen in große Bedrängnis gebracht. In Frankreich, wo etwa zehntausend Schwestern in 350 Klöstern lebten, wurden sämtliche Gemeinschaften aufgelöst.
Die Hiobsbotschaften drangen auch nach Deutschland: Im Juli 1794 waren in Orange sechzehn Ursulinen zusammen mit ebenso vielen anderen Ordensfrauen wegen »Fanatismus' und Aberglaubens« zum Tode verurteilt und hingerichtet worden, weil sie sich geweigert hatten, den Eid auf die Zivilkonstitution zu leisten. Drei Monate später starben elf Ursulinen des Klosters von Valenciennes auf dem Schafott. Viele wurden inhaftiert, andere konnten fliehen und fanden vorübergehend Aufnahme im Ausland, auch in den deutschen Klöstern. So kamen 1794 sämtliche Ursulinen aus Namur nach Köln; auch in Düsseldorf wurden in dieser Zeit etliche Emigrantinnen aus Frankreich aufgenommen.
In den deutschen Territorien erreichte die Säkularisation ihren Höhepunkt 1803 mit dem Reichsdeputationshauptschluß und der damit verbundenen Aufhebung der geistlichen Hoheits- und Eigentumsrechte. Fast alle geistlichen Einrichtungen, darunter auch die Klöster, wurden in der Folgezeit aufgelöst und enteignet. Die Ursulinen kamen dabei als Erziehungsorden noch glimpflich davon. Im Zuge der Französischen Revolution war auch die Vermittlung einer allgemeinen Grundbildung für Jungen und Mädchen gefordert worden. Der traditionelle Unterricht auf christlicher Grundlage wurde zwar abgelehnt und statt

dessen ein »republikanischer« gefordert. Doch die konsequente Durchführung dieser Säkularisierung des Schulwesens scheiterte weithin am Fehlen qualifizierter Lehrer und Lehrerinnen. In vielen Einzelfällen wurde daher bei den Schulorden von der Auflösung abgesehen.

Für die davon betroffenen deutschen Ursulinenklöster bedeutete dies, daß sie zwar ihr Vermögen verloren und staatlicher Aufsicht unterstellt wurden, ihren Schulbetrieb jedoch, wenn auch unter schwierigeren Bedingungen, weiter aufrechterhalten konnten. Der Unterricht sollte dabei möglichst den Erfordernissen der Zeit angepaßt werden.

In Köln, das 1794–1814 von Frankreich besetzt war, hieß dies beispielsweise, daß die Schule in zwei Klassen aufgeteilt wurde: In der ersten sollten Lesen und Schreiben in Deutsch und Französisch, Rechnen sowie die Grundregeln »republikanischer Moral« unterrichtet werden, in der zweiten weiterhin Französisch sowie Latein, Geographie, Geschichte, Naturkunde und Kenntnisse über Maße und Gewichte.

Ähnlich wurde in Düren 1798 das Schulwesen nach den französischen Grundsätzen geregelt. Die Kinder sollten »im Lesen und Schreiben der französischen und deutschen Sprache, in den gebräuchlichen Regeln der Rechenkunst sowie einer bürgerlichen und republikanischen Sittenlehre unterwiesen werden«. Die Lehrerinnen mußten den Schülerinnen »als Grundlage des ersten Unterrichts die ›Rechte des Menschen‹, die ›Verfassung‹ und die genehmigten Lehrbücher in die Hand geben«.

Die Überlebenschancen der einzelnen Ursulinenschulen waren, je nach Gunst und Einstellung der jeweiligen Herrscher, unterschiedlich. Die meisten Häuser, z. B. Köln, Dorsten, Düsseldorf, Düren und Straubing, mußten zwar ihr eigentliches Klosterleben aufgeben, das heißt, sie durften kein nach außen hin erkennbares Ordensleben führen und keine Novizinnen aufnehmen, konnten ihre allgemein als »nützlich« anerkannten Schulen aber weiterführen.

In Erfurt war das Ordensleben der Ursulinen schon seit 1770 im Geist der Aufklärung eingeschränkt worden: Novizinnen durften erst ab dem 23. Lebensjahr aufgenommen werden, eine endgültige Bindung an das Kloster durfte erst ab dem 40. Lebensjahr erfolgen. Gemäß dem Grundsatz, »Güter und Land nicht in ›tote Hände‹ geben«, durften sie keine Mitgift mitbringen und kein Kostgeld zahlen; Gelübde konnten immer nur für zwei Jahre abgelegt werden. Andererseits wurde die Erziehungstätigkeit der Ursulinen auch in der Zeit der Säkularisation ausdrücklich gutgeheißen und sogar gefördert. In einem offiziellen Entscheid der Regierung hieß es 1803, »daß das Kloster für jetzt in seiner vorigen Verfassung beibehalten und belassen werden sollte; von aller Besteuerung aber aus dem Grunde gänzlich frei bleibe, weil dasselbe, indem es sich die Erziehung junger Frauenzimmer zum Zwecke mache, einen vorzüglichen Nutzen stifte«; man erwarte daher, daß es fortfahre, »seiner so gemeinnützigen Erziehungsarbeit einen noch größeren Umfang zu geben«. Als 1817 dann wieder die Auflösung des Klosters zur Diskussion stand und vier andere Frauenklöster Erfurts tatsächlich aufgehoben wurden, sicherte ein Erlaß des preußischen Königs dem Ursulinenkonvent die Weiterexistenz: »Das Ursulinenkloster, dessen Mitglieder sich unter gutem Erfolg mit dem Unterricht der weiblichen Jugend beschäftigen und das daher die Regierung in Erfurt beizubehalten wünscht, soll von der gegenwärtigen Aufhebung ausgeschlossen sein.« Die Erfurterinnen erhielten sogar finanzielle Unterstützung von der Regierung, und besonders die Externenschule blühte auf; 1823 wurde sie von über 200 Kindern besucht.

Auch das 1695 gegründete Ursulinenkloster in Salzburg wurde gegen Ende des 18. Jahrhunderts unter dem aufgeklärten Erzbischof Hieronymus Colloredo (1732–1812) einer Reform im Sinne des Josephinismus unterzogen. Im Zusammenhang damit verfaßten die Ursulinen selbst für die zuständige Schulkommission einen ausführlichen Rechenschaftsbericht über ihre Unterrichtstätigkeit (Ursulinenkloster Salzburg). Darin bezeichneten sie »die Bildung zur christlichen Tugend« durch den Unterricht als den Hauptzweck ihres Instituts. Als Lehrgegenstände werden vor allem die »christliche Lehre«, besonders im Hinblick auf eine moralische Erziehung, dann Lesen, Schreiben und Rechnen genannt. Im Rechenunterricht werden Bruchrechnen und Dreisatzaufgaben »und was sonst im gemeinen Hauswesen gewöhnlich vorkommt« behandelt. Das Schreiben wird an »Mustern von Briefen, Bescheinigungen, Quittungen und derlei Aufsätzen« geübt.

Die Hälfte der Schulzeit nimmt der Arbeitsunterricht ein, in dem »alle weibliche Handarbeit« gelehrt wird, »doch so, daß die notwendige, gemeinnützige der sogenannten schönen unabweichlich vorgeht«. Die Arbeitsstunden werden häufig mit dem Erzählen biblischer und moralischer Geschichten begleitet, wobei die Lehrerinnen mit pädagogischem Geschick vorzugehen versuchen: »Um aber den Schein einer förmlichen Lektion zu vermeiden und den Reiz der Wißbegierde zu erhalten, läßt man allezeit, daß die Kinder darum bitten, und schlägt's wohl auch manchmal ab, wenn sie sich etwa zu unaufmerksam bezeigt haben.«

Die Lehrerinnen bereiten sich in ihrer Freizeit, besonders an Sonn- und Feiertagen, auf den Unterricht vor. Dabei widmen sie sich, wie eigens betont wird, nicht allein geistlichen Themen, sondern sind für »bildende Schriften« allgemein offen: »Als Erzieherinnen werden sie auch gute bildende Schriften, die sich ohne Gefahr lesen lassen, in die Hand bekommen, wenn sie auch in der anderen noch ihre Erbauungsbücher halten.« Die Skepsis der Aufklärer gegenüber dem »erbaulichen«, weltabgewandten und weltfremden Ordensleben einerseits und die Betonung der »Nützlichkeit« einer »vernünftigen« christlichen Erziehung andererseits spiegelt sich in der Beschreibung des eigentlichen Ziels der Ursulinen: Ihre Aufgabe sehen sie gemäß ihrem Rechenschaftsbericht darin, »wahrhaft fromme, reine Christinnen, treue, fleißige Dienstboten und brauchbare Bürgerinnen (gewiß nicht Nonnen oder Betschwestern) zu ziehen«.

Die Ursulinen hatten von jeher betont, daß sie ihre Aufgabe in der allgemeinen Erziehung sahen und nicht in der Ausbildung von Ordensnachwuchs. Sie hatten es aber dennoch nicht ungern gesehen, wenn eine ihrer Schülerinnen Ordensfrau wurde, sei es bei den Ursulinen oder in einem anderen Orden. Daß hier die Erziehung zu »Nonnen« oder, wie es despektierlich heißt, »Betschwestern« ausdrücklich ausgenommen wird, grenzt jedoch fast schon an Selbstverleugnung.

Was man seitens des aufgeklärten Staates von den Ursulinen erwartete, wird deutlich in einer 1805 verfaßten Stellungnahme des Salzburger Pädagogen Michael Vierthaler (1758–1827) zur Tätigkeit der Ursulinen. Darin heißt es: »Seine Exzellenz der dirigierende Staatsminister haben sich selbst von der Verbindung überzeugt, in welcher die Lehr- und Erziehungsanstalt in Ihrem Institut mit dem Staat stehet. Fahren Sie fort, diese Verbindung zu unterhalten und sie noch fester zu schließen. Dies ist selbst religiöse Pflicht. Unterrichten Sie die Ihnen anvertrauten Töchter gewissenhaft im Christentum.... Fahren sie fort, Ihre Schülerinnen zur Arbeitsamkeit anzuleiten. Das Lesebuch, das ihnen die Pflichten der dienenden Klasse vorhält, sei ihnen viel wert, sie sollen nicht bloß darin lesen, sondern auch Aufsätze darüber entwerfen. Bewirken Sie durch die Industrieschule, die mit Ihrer Lehranstalt verbunden ist, daß die Worte, soviel möglich, sogleich in Taten übergehen können. Auch die Rechenkunst trete nur selten aus dem Zirkel der Hauswirtschaft. Eine schöne Handschrift zeugt von Bildung, besonders wenn sie auch die Form der Orthographie und der Sprachkenntnis führt.... Ihre Schülerinnen sollen *gebildet*, aber nicht *gelehrt* werden. Durch die Aufnahme der französischen Sprache in Ihren Lehrplan haben Sie sich ein wahres Verdienst um die höhere Bildung ihrer Schülerinnen erworben. Die französische Sprache wird von Jahr zu Jahr mehr Bedürfnis für die gebildete Klasse. Die Töchter edler Eltern werden Ihnen einst dafür besonders danken.« Die ausdrückliche Hervorhebung, daß nicht »Gelehrsamkeit«, sondern die Vermittlung typisch weiblicher Bildung in Form von Hauswirtschaft und Arbeitsamkeit sowie Französischkenntnisse für Mädchen der höheren Schicht als Unterrichtsziel einer Mädchenschule ausreicht, ist aufschlußreich für das Frauenbild der »vernünftigen« und »aufgeklärten« Schulreformer.

Die Frage, wie weit die Ursulinen sich in dieser Zeit tatsächlich dem Gedankengut der Aufklärung öffneten und ihr christliches Grundverständnis damit verbanden, läßt sich kaum allgemeingültig beantworten. Offenkundig war jedoch mit den Auswirkungen der Säkularisierung trotz aller Bedrückung, die sie für die Ordensfrauen mit sich brachten, auch ein positiver Impuls verbunden. Bildung und Unterricht für Jungen wie Mädchen wurden aufgewertet, das humanistische Bildungsideal wurde zunehmend prägend, und mehr und mehr legte man auf eine qualifizierte pädagogische Ausbildung der Lehrer und Lehrerinnen Wert. Die Ursulinen setzten sich mit diesen neuen Entwicklungen auseinander, griffen nach anfänglichem Zögern in weiten Teilen Ideen der Aufklärung auf und unterstützten die verschiedenen Maßnahmen der Schulreform.

Seit den zwanziger Jahren des 19. Jahrhunderts erhielten

die Lehrerinnen an den Ursulinenschulen eine eigene Ausbildung und unterzogen sich den staatlichen Prüfungen. Auch das Lehrmaterial, das in Gebrauch war, entsprach der für die Zeit typischen spätaufklärerisch-humanistischen Pädagogik. In Köln benutzte man z. B. im 18. Jahrhundert die »Anfangsgründe aller mathematischen Wissenschaften« von Christian Wolff als Mathematiklehrbuch, in Dorsten die »Anfangsgründe der Geometrie« des Alexis Claude Clairaut. In Düsseldorf waren 1814 u. a. das Lesebuch »Der Kinderfreund« von Friedrich von Rochow sowie Bücher von Bernhard Overberg und Johann Christoph Gottsched in Gebrauch.
Problematisch, teilweise existentiell bedrohlich für die Ursulinen war jedoch der Mangel an Ordensnachwuchs. In der Hochphase der Säkularisation um die Wende zum 19. Jahrhundert war ihnen verboten worden, weitere Schwestern aufzunehmen. Dieses Verbot wurde zwar in den folgenden Jahrzehnten nach und nach wieder rückgängig gemacht. Doch auch jetzt – in der ersten Hälfte des 19. Jahrhunderts – entsprach es nicht mehr dem »Geist der Zeit«, in einen Orden einzutreten. Die Aufklärung hatte die Lebensform der Ordensleute grundsätzlich in Frage gestellt. Viele Ursulinengemeinschaften, die die Säkularisation einigermaßen überstanden hatten, drohten nun an Überalterung auszusterben.

Restauration des Katholischen

Als Kontrapunkt zu den allgemeinen Säkularisierungstendenzen um die Wende zum 19. Jahrhundert erscheint die Heiligsprechung Angela Mericis im Jahr 1807. Die Erinnerung an die Gründerin war bis ins 18. Jahrhundert hinein im Orden wenig präsent gewesen. Der mit dem »Prozeß Nazari« unternommene erste Versuch, ein Heiligspre-

chungsverfahren auf den Weg zu bringen, war schon bald gescheitert. Die inneren Streitigkeiten der Ursulinen und ihre Abwendung von der ursprünglich von Angela Merici vorgesehenen Lebensform sowie schließlich die Übernahme der Klausurvorschriften und die Umwandlung in einen monastischen Orden in Frankreich hatten das Interesse an den eigenen Ursprüngen verschüttet. Nur vereinzelt hatten sich die Ursulinen bemüht, den Bezug zu Angela Merici zu bewahren. 1674 hatten die Ursulinen von Dijon in Rom erneut einen Vorstoß zur Kanonisation Angela Mericis gemacht, der jedoch ohne Resonanz blieb.
Erfolg hatte schließlich Maria Aloysia Schiantarelli (1718–1802), die seit 1754 Oberin des Ursulinenklosters in Rom war, gute Verbindungen zur Kurie hatte und mit allen Kräften die Heiligsprechung vorantrieb. Bereits 1768 wurde Angela Merici seliggesprochen. Die Heiligsprechung war für das Jahr 1791 geplant gewesen, verzögerte sich jedoch wegen der Auswirkungen der Französischen Revolution und erfolgte dann schließlich 1807 – zu einem Zeitpunkt, an dem sich die katholische Kirche mehr denn je zu einem Neuanfang und einer Neubestimmung ihres Selbstverständnisses gezwungen sah.
Eine Restauration des Katholischen setzte ein. Seit den vierziger Jahren des 19. Jahrhunderts erlebte der Katholizismus einen Aufschwung, der auch dem Ursulinenorden eine Neubelebung brachte. Die Auseinandersetzungen zwischen Kirche und Staat wie auch die im Gefolge der Romantik sich entwickelnde neue Hochschätzung des Katholischen ließen in breiten Kreisen der Bevölkerung ein neues katholisches Selbstverständnis und ein Gemeinschaftsgefühl entstehen, das im Aufleben der Volksfrömmigkeit, in der Gründung zahlreicher katholischer Vereine und in der Neubelebung und Neugründung katholischer Ordensgemeinschaften ihren Ausdruck fand.
So entstanden in Deutschland Ursulinengründungen der

Observanz von Bordeaux in Ahrweiler (1838), Hersel (1852), Haselünne (1854) und Osnabrück (1865) sowie – von Breslau aus gegründet – in Berlin (1854), Liebenthal (1856), Posen (1857), Ratibor (1863), Gnesen (1868) und Krakau (1875). Ursulinen der Pariser Observanz gründeten von Duderstadt aus Klöster in Hildesheim (1853) und Hannover (1860). Die bereits bestehenden Klöster hatten nun auch keine Nachwuchsprobleme mehr. Allein in Dorsten wurden in den Jahren zwischen 1841 und 1876 siebzig Novizinnen zur Profeß zugelassen.

Ein eigener Zweig der Ursulinen entstand 1832 in Belgien, ausgehend von Tildonck (bei Löwen). Unter der geistlichen Leitung des Pfarrers von Tildonck Jean Lambertz (1785–1869) hatten sich seit 1818 einige Frauen zusammengefunden, die die Kinder der Pfarrei unterrichteten. Mit der Zeit entwickelte sich daraus eine religiöse Gemeinschaft, die 1832 die Augustinusregel und die Satzungen der Ursulinen von Bordeaux annahm und als »religiöse Kongregation« vom Bischof formell anerkannt wurde. Sie hatte großen Zulauf und konnte schon bald zahlreiche Gründungen in anderen Städten vornehmen. 1869 bestanden weltweit bereits 43 Gemeinschaften, die mit Tildonck verbunden waren. In Deutschland gehörten dazu die Ursulinen von Sittard (gegründet 1843) und Geilenkirchen (gegründet 1855); 1879 kam Frankfurt am Main dazu.

Neue Impulse gingen auch von den italienischen Ursulinen aus. In Brescia hatte sich die ursprüngliche Tradition Angela Mericis am längsten erhalten. Die Umwandlung der »in der Welt« lebenden Ursulinengemeinschaften in eigentliche Klöster mit der Verpflichtung zur Klausur, die monastische Transformation also, die ausgehend von Frankreich für die Ursulinen weltweit selbstverständlich geworden war, hatten die Ursulinen von Brescia nicht mitgemacht. Anstatt die Augustinusregel zu übernehmen, hatten sie sich weiterhin ausschließlich an den Schriften

Angela Mericis orientiert, und es war ihnen gelungen, diese Lebensform bis zur Auflösung ihres Konvents im Zuge der Säkularisation beizubehalten. Als die Gemeinschaft 1827 wiederhergestellt wurde, schlossen sie sich jedoch der Observanz von Bordeaux an und übernahmen die Klausurvorschriften.

An die ursprüngliche Konzeption Angela Mericis knüpften in Brescia dann vierzig Jahre später wieder die Schwestern Maddalena (1838–1923) und Elisabetta Girelli (1839–1919) an. Sie gründeten 1866 die »Gesellschaft der heiligen Angela von Brescia«, eine Gemeinschaft von Frauen, die sich verpflichteten, jungfräulich »in der Welt« zu leben und sich der christlichen Unterweisung im Katechismusunterricht zu widmen. Ihr Ziel war ein gottgeweihtes Leben im Dienst an den Mitmenschen. Grundlage ihrer Lebensform wurde die Regel Angela Mericis, allerdings in der von Carlo Borromeo überarbeiteten Fassung. Kirchenrechtlich gehört die »Gesellschaft« nicht zu den eigentlichen Orden mit feierlichen Gelübden, sondern zu den sogenannten »Weltlichen Instituten«.

Problematisch für die katholische Kirche wurde die mit der Restauration verbundene äußerst konservative, sich vor allen liberalen und kritischen Bewegungen verschließende Haltung, die auf dem Ersten Vatikanischen Konzil einen Höhepunkt erlebte und das Verhältnis der katholischen Kirche zur »modernen Welt« bis in die Gegenwart belastet. Dieser Geist spricht auch aus dem Dekret, mit dem Pius IX. 1861 die Feier des Festtags der heiligen Angela Merici für die ganze Kirche obligatorisch machte. Darin heißt es, das Fest werde eingeführt, »damit der Herr sich würdige, das weibliche Geschlecht rein zu bewahren vor den Irrtümern und der sittlichen Fäulnis unserer Zeit«. Dies sei nämlich eine Zeit, die »alle Kräfte anstrengt, um die Sitten der Frauen, namentlich in ihren jungen Jahren zu verderben, damit das Gift des Irrtums desto tiefer in die

Seelen ihrer Kinder einzudringen vermöge« – deutliche Worte, die umgekehrt auch plausibel machen, daß vielen Menschen die katholische Kirche und ihre Repräsentanten, einschließlich der Ordensleute, als überholt und nicht mehr zeitgemäß erschienen. Der Kulturkampf hat hier eine seiner Wurzeln.

Kulturkampf

Der Aufschwung, den die katholische Kirche mit der Restauration erlebt hatte, mündete nach der Reichsgründung in Deutschland in den Kulturkampf. Zu dessen Voraussetzungen gehörten die politischen Konflikte zwischen kleindeutschem Protestantismus und (ehemals) großdeutschem Katholizismus ebenso wie die mit rigoroser Ablehnung von Liberalismus und Pluralismus verbundene »ultramontane« Haltung Pius' IX., die schließlich in der Dogmatisierung von Primat und Unfehlbarkeit des Papstes auf dem Ersten Vatikanischen Konzil gipfelte.
Durch eine Reihe von Gesetzen und Verordnungen versuchte seit den siebziger Jahren des 19. Jahrhunderts der preußische Staat, jegliche gesellschaftspolitisch relevante Aktivität katholischer Amtsträger zu beschneiden. Auch die Ursulinen waren mehr und mehr Repressalien ausgesetzt. Von besonderer Bedeutung war für sie das Schulaufsichtsgesetz von 1872, das die katholischen Privatschulen staatlicher Kontrolle unterwarf. Im gleichen Jahr wurde das sogenannte »Jesuitengesetz« erlassen, mit dem der Jesuitenorden im Reichsgebiet verboten und ausländische Jesuiten ausgewiesen wurden. 1875 erfolgte schließlich die Auflösung aller kirchlichen Orden mit Ausnahme jener, die sich mit Krankenpflege beschäftigten.
Die Schulen der Ursulinen wurden nun an »weltliche« Lehrerinnen übergeben und der öffentlichen Verwaltung

unterstellt, ihre Elementarschulen den städtischen Elementarschulen eingegliedert. Einige der Ursulinen konnten ähnlich wie über siebzig Jahre zuvor während der Säkularisation mangels genügend qualifizierter weltlicher Lehrerinnen weiterhin unterrichten, mußten ihr Kloster jedoch verlassen. In den meisten Fällen gelang es den einzelnen Gemeinschaften, ihr Hab und Gut – Vermögen, Gebäude und Inventar – an Freunde, die ihnen nahestanden, aber nicht dem Orden angehörten, zu übergeben und so in Sicherheit zu bringen.

Die meisten Schwestern verließen Deutschland und suchten Zuflucht im Ausland: Die Kölner Ursulinen gingen nach Marche-les-Dames im Bistum Namur (Belgien), die Dorstener ins holländische Weert, die Ursulinen aus Haselünne nach Nymwegen, die Dürener teils nach Meersen bei Maastricht, teils nach York in Nebraska (USA). In etlichen Gemeinschaften gab es heftige Auseinandersetzungen darüber, was der bessere Weg sei: zu emigrieren und zu versuchen, im Ausland im Sinne des Ordens weiterzuarbeiten, oder im Kloster auszuharren, wenn auch ohne die gewohnte Tätigkeit in der Schule.

So gingen in Erfurt nur die Novizinnen ins Ausland, die übrigen 17 Schwestern entschlossen sich, trotz Schließung ihrer Schule und formeller Auflösung der Ordensgemeinschaft, in Erfurt zusammenzubleiben – eine Entscheidung, die auch unter den Schwestern selbst umstritten war. Die jüngeren hatten Bedenken wegen der damit zwangsläufig gegebenen Untätigkeit, den älteren war es wichtig, das Ordenshaus als katholisches Zentrum in einer protestantischen Umgebung nicht aufzugeben. »Überdruß und Langeweile« bekämpften sie durch die Bewirtschaftung eines Gartens, die Beschäftigung mit Haustieren und mit Handarbeiten. Erst 1888 konnten sie ihre Unterrichtstätigkeit wieder aufnehmen.

Trotz aller Sanktionen hatte der Kulturkampf letztlich

nicht den Erfolg, den man sich auf Seiten des Staates versprochen hatte. Der passive Widerstand der Katholiken blieb ungebrochen. Mehr noch: Die Zwangsmaßnahmen führten zu einem um so größeren Zusammenhalt. Die Zentrumspartei gewann an Bedeutung und Einfluß, und der Katholizismus insgesamt ging eher gestärkt aus dem Kulturkampf hervor.
Nachdem 1878 der versöhnlichere Papst Leo XIII. die Nachfolge des mehr und mehr als reaktionär geltenden Pius IX. angetreten hatte und Bismarck zudem innenpolitisch zunehmend unter Druck geriet, wurde von beiden Seiten ein Ausgleich gesucht, der schließlich 1887 zur Beendigung des Kulturkampfes führte. Die Kulturkampfgesetze wurden nach und nach abgebaut und die meisten Orden wieder zugelassen. Bestehen blieb jedoch die staatliche Schulaufsicht, der sich weiterhin auch die Ursulinenschulen unterordnen mußten. Eine ihrer Konsequenzen war, daß im Zuge der allgemeinen Verstaatlichung der Elementarschulen die Ursulinen in diesem Bereich kaum noch eine Rolle spielten. Ihre Unterrichtstätigkeit konzentrierte sich von nun an vor allem auf die – in der Regel mit Pensionaten verbundenen – höheren Schulen.
Mit der Rückkehr der nach Nymwegen emigrierten Ursulinen aus Haselünne kam es zur Neugründung einer Niederlassung in Werl. Dort war 1865 von Josephine Sluyterman von Langeweyde eine private höhere Töchterschule gegründet worden, an der sie zusammen mit ihren beiden Schwestern und ihrer 1860 verwitweten Mutter unterrichtete. Als sich die Sluytermans aus Altersgründen aus der Schule zurückziehen wollten, übernahmen 1888, vermittelt durch den Pfarrer von Werl, die Ursulinen aus Haselünne/Nymwegen die Schule. Im Jahr 1900 wurde sie von 107 Schülerinnen besucht, gut die Hälfte davon lebten als Pensionärinnen im Internat.
Eine neuerliche Krise erlebten die Ursulinen Ende des 19.

Jahrhunderts in Frankreich, wo die republikanische Regierung eine vollständige Säkularisierung des öffentlichen Lebens, insbesondere auch des Unterrichts und der Erziehung, durchzusetzen versuchte. Wieder einmal waren die Ursulinenklöster in ihrer Existenz bedroht. Um in diesem französischen »Kulturkampf« ihre Position zu stärken, gründeten die französischen Ursulinen gemeinsam mit den italienischen im Jahr 1900 die »Römische Union«, einen zentralistischen Zusammenschluß unter Leitung einer Generaloberin mit Sitz in Rom.

Innerhalb der Geschichte der Ursulinen war dies ein gewichtiger Schritt. Die einzelnen Klöster waren bis dahin rechtlich und institutionell voneinander unabhängig gewesen. Erfolgte von einem Kloster aus eine Tochtergründung, so wurde diese neue Niederlassung in der Regel sehr bald selbständig und löste sich von ihrem Mutterkloster. Jedes Kloster hatte seine eigene Tradition und pflegte kaum Beziehungen zu anderen Gemeinschaften. Diese weitgehende Unabhängigkeit wurde von den meisten Ursulinenklöstern als Vorteil gesehen, auf den sie nur ungern verzichteten.

Die deutschen Ursulinen waren daher nicht daran interessiert, sich der Römischen Union anzuschließen. Wohl aber gab es auch bei ihnen Bestrebungen, einen intensiveren Austausch der einzelnen Konvente untereinander zu ermöglichen. Zum Jahr 1906 notierte die Schreiberin der Chronik von Werl: »Seit der Heimkehr aus der Verbannung, in welche der Kulturkampf die preußischen Ursulinen geführt hatte, regte sich wohl bei den meisten der Wunsch, nähere Beziehungen unter den einzelnen Häusern des Ordens hergestellt zu sehen. Pflege echten Ursulinengeistes und bessere Wahrung der Interessen der Schule ließen einen engeren Anschluß wünschenswert erscheinen.«

Dieser »engere Anschluß« der Klöster untereinander wurde 1907 mit der Gründung des »Verbandes selbständiger deutscher Ursulinenklöster« verwirklicht. In der gemeinsamen Beschlußfassung der Oberinnen der einzelnen Häuser hieß es: »Die Ursulinenklöster in Preußen bzw. in Deutschland treten miteinander in eine fortlaufende lebendige Verbindung und veranstalten zu diesem Zweck regelmäßige Konferenzen.« Gleichzeitig wurde aber auch festgestellt: »Jedes Kloster bleibt bei seinen Filialen unabhängig, erhält sein eigenes Vermögen und die eigene Vermögensverwaltung, sein eigenes Noviziat und bleibt seinem Ordinarius unmittelbar unterworfen.«

Ein reformerischer Aufbruch

Die Schulreformen seit Mitte des 19. Jahrhunderts hatten der Mädchenbildung wichtige Impulse gegeben und auch die Einrichtung höherer Schulen für Mädchen vorangetrieben. Anfang des 20. Jahrhunderts fächerte sich das Schulsystem in zahlreiche Ausbildungszweige für Mädchen auf; sie konnten nun unter anderem die Frauenschule, das Lyzeum, Oberlyzeum oder andere gymnasiale Studienanstalten besuchen. Der Beruf der Lehrerin wurde durch eine qualifizierte Ausbildung aufgewertet, und seit der Wende zum 20. Jahrhundert waren auch Frauen zum Universitätsstudium zugelassen.
Die Ursulinen nahmen regen Anteil an diesen Entwicklungen, bauten ihre Schulen weiter aus, waren um eine vertiefte pädagogische Ausbildung ihrer Lehrerinnen bemüht und konnten bald auch selbst staatlich anerkannte Lehrerinnenseminare einrichten. Als für die Lehrerinnen an höheren Schulen eine Universitätsausbildung verlangt wurde, gehörten Ursulinen zu den ersten Studentinnen. Da ihnen wegen der Klausurvorschriften kein »normales« Studium erlaubt war, hatte der Bischof von Münster 1903 ein Stift für die studierenden Schwestern der verschiede-

nen Orden eingerichtet. Professoren der Universität hielten dort Vorlesungen und Seminare ab, so daß die Nonnen, soweit wie möglich, den Kontakt mit der »Welt« vermeiden konnten, trotzdem aber die gleiche Ausbildung wie weltliche Lehrerinnen erhielten.

Die Ursulinenschulen umfaßten sowohl die höheren Schulen wie das Oberlyzeum, das mit dem Abitur abschloß, als auch stärker praktisch ausgerichtete Zweige wie die Haushaltungs- und Frauenschule, Seminare für Kindergärtnerinnen, Handelsschulen und – institutionalisiert seit den dreißiger Jahren – Mittelschulen. Den Schulen selbst waren außer dem Pensionat oft noch ein Kindergarten sowie ein Hort zur Betreuung der externen Schulkinder nach dem Unterricht angegliedert.

Auch an der allmählichen Institutionalisierung der Lehrerinnenausbildung beteiligten sich die Ursulinen. Während die Fachlehrerinnen an den höheren Schulen ihr Universitätsstudium absolvierten, wurden die anderen Lehrerinnen in eigenen Lehrerinnenseminaren ausgebildet. 1904 richtete in Werl Hedwig Dransfeld (1871–1925), selbst keine Ursuline, jedoch den Ursulinen in Werl eng verbunden und Lehrerin an ihrem Lyzeum, einen »pädagogischen Kurs« zur Lehrerinnenausbildung ein, den sie selbst bis 1911 leitete und der 1913 in ein Lehrerinnenseminar überging.

Hedwig Dransfelds geistige Heimat war die (katholische) Frauenbewegung, deren Ziele sie auch politisch durchzusetzen versuchte. Seit 1912 Vorsitzende des Katholischen Deutschen Frauenbundes und Redakteurin der Zeitschrift »Die christliche Frau« wurde sie 1919 als Zentrumspolitikerin Mitglied der Weimarer Nationalversammlung, später Mitglied des deutschen Reichstags und Abgeordnete des preußischen Landtags, wo sie sich als engagierte Kämpferin und begabte, allseits anerkannte Rednerin vor allem für sozialpolitische Fragen einsetzte.

Für die Ursulinen kam als Ordensfrauen ein solches politisches Engagement nicht in Frage, sicher teilten jedoch viele mit Hedwig Dransfeld die Ideale der katholischen Frauenbewegung. In ihren Schulen und Internaten setzten sie sich für die Erziehung der Mädchen zu gut ausgebildeten und selbstbewußten Frauen ein. Dieser »intellektuelle« Aufbruch im ersten Drittel des 20. Jahrhunderts wurde begleitet von der liturgischen Bewegung, die weite Kreise der katholischen Kirche erfaßte. Die Ursulinen schöpften aus ihr Anregungen für eine erneuerte Spiritualität, die den Boden bereitete für die liturgischen Reformen des Zweiten Vatikanischen Konzils.

Der Erste Weltkrieg (1914–1918) hatte keinen unmittelbaren Einfluß auf die Struktur der deutschen Ursulinenschulen gehabt, jedoch den Alltag geprägt bis hin zu einem verstärkten sozialen Engagement zur Unterstützung der verarmten Bevölkerung. Das ernüchternde Ende des Krieges und die politische Wende mit der Weimarer Republik beförderten nun auch im schulischen Bereich einen neuen Idealismus: Man strebte eine Demokratisierung des Schulbetriebs an, gewährte Schülern und Eltern ein Mitspracherecht und unterstützte die Schülerselbstverwaltung.

Insgesamt erlebten die deutschen Ursulinen seit der Jahrhundertwende und in den zwanziger Jahren eine gute, anregende und kreative Zeit, eine Blütezeit, die jedoch in den dreißiger Jahren ein abruptes Ende fand.

Zwischen Anpassung und Widerstand

Die Geschichte der deutschen Ursulinen in den Jahren zwischen 1933 und 1945 läßt sich wie die der christlichen Kirchen überhaupt als die Geschichte einer Gratwanderung zwischen Anpassung, Selbstbehauptung und Widerstand beschreiben. Vorrangiges Ziel der Ursulinen war es, den Schulunterricht aufrechtzuerhalten. Man war dabei der Meinung, daß durch von oben verordnete »Äußerlichkeiten« wie den Hitlergruß zu Beginn des Unterrichts, die Einhaltung nationaler Feiertage oder die Teilnahme der Schülerinnen an sogenannten nationalpolitischen Lehrgängen die eigentliche Identität der Ursulinenschulen nicht berührt werde. Man nahm diese Anpassung in Kauf, um sich so den nötigen Freiraum für die Umsetzung der eigentlichen, christlich-pädagogischen Ziele zu erhalten.

Dazu kam, daß viele Ursulinen der nationalsozialistischen Ideologie zwar distanziert gegenüberstanden, traditionell jedoch wie die Mehrheit ihrer Zeitgenossen für patriotische und nationale Gedanken durchaus offen waren. Der Nationalismus des Wilhelminischen Zeitalters mit seinen Vorstellungen von »Volkswohl«, »Vaterland« und idealem »deutschen Mädel« hatte auch hier prägend gewirkt. In den Jahresberichten einiger Ursulinenschulen oder in der Themenauswahl für Deutschaufsätze finden sich denn auch bei gleichzeitig immer durchklingender Religiosität deutschnationale Töne, die heute mehr als befremdlich anmuten.

Teils unter Zwang, teils aus national-konservativer Überzeugung, teils aus taktischen Gründen, um keine Angriffsfläche für die Schließung ihrer Schulen zu bieten, paßten sich die Ursulinen, was den Lehrplan und das öffentliche Auftreten ihrer Schulen anbelangte, zunächst mehr oder weniger widerstrebend an – angefangen bei der Behandlung der »Rassenkunde« im Biologieunterricht bis hin zur Unterstützung des »Winterhilfswerks« und zur Zusammenarbeit mit dem »Bund Deutscher Mädel«. Gleichzeitig boten sie jüdischen Schülerinnen Schutz und bewahrten sie vor dem Zugriff der Nationalsozialisten.

Das Reichskonkordat von 1933 wurde – wie von den Katholiken überhaupt – auch von der Mehrheit der Ursulinen als vermeintliche Absicherung gegenüber staatlichen Übergriffen auf kirchliche Einrichtungen positiv aufgenommen. Erst als sich abzeichnete, daß die Nationalsozialisten keineswegs die katholischen Organisationen unbehelligt lassen würden, regten sich Skepsis und Widerstand. Die Anpassung an die politischen Verhältnisse hatte die religiöse Bindung, die christliche Identität der Ursulinen nie grundsätzlich in Frage gestellt, und die Widersprüche zwischen Christentum und nationalsozialistischer Ideologie rückten nun immer deutlicher ins Bewußtsein.

Das Vierhundertjährige Ordensjubiläum 1935 wurde in Deutschland denn auch mit gemischten Gefühlen begangen. Die Festfreude war überschattet von den zunehmend als bedrückend empfundenen politischen Verhältnissen. Seit Mitte der dreißiger Jahre waren einzelne Klöster Repressalien ausgesetzt: Finanzielle Zuschüsse wurden gestrichen, es gab Bespitzelungen, Verhöre und Hausdurchsuchungen durch die Gestapo wegen angeblicher Devisenvergehen und seit 1936 immer schärfer werdende Aufforderungen zum Abbau der Schulklassen.

Als dann 1938 die antikirchlichen Tendenzen der nationalsozialistischen Kirchenpolitik endgültig zum Durchbruch kamen, war das Ende der Ursulinenschulen als private, konfessionell gebundene Schulen absehbar. Die Reichsregierung erließ ein Verbot des Privatschulbesuchs für Beamtenkinder und entzog damit den Ursulinen einen Großteil ihrer Schülerinnen. 1939 wurde durch Reichserlaß verfügt, daß alle Privatschulen in öffentliche Schulen umgewandelt werden sollten. Für die Ursulinen bedeutete dies, ihre Schulen ganz aufzugeben.

Bereits 1938 waren die Schulen in Straubing und Erfurt geschlossen worden, Anfang der vierziger Jahre folgten die meisten anderen, u.a. in Düsseldorf, Ahrweiler, Frankfurt, Dorsten, Düren und Werl. Teilweise bestehen bleiben konnten die Internate, wobei die Pensionärinnen nun staatliche Schulen besuchen mußten. Einige Konvente wie Haselünne, Fritzlar, Hersel, Liebenthal und Boppard wurden ganz aufgelöst; andere konnten dem entgehen, indem sie der Wehrmacht die Einrichtung und Betreuung eines Lazaretts anboten. Einzelne Ursulinen durften mangels anderer Lehrer in weltlicher Kleidung an öffentlichen Schulen weiter unterrichten. Einige gingen ins Ausland, viele waren, soweit dies noch möglich war, in der Kranken- und Pfarrseelsorge tätig oder halfen in den Klöstern anderer Ordensgemeinschaften aus. Die meisten Klöster waren schließlich materiell am Ende, als durch die Luftangriffe der letzten Kriegsjahre der Großteil ihrer Gebäude zerstört wurde.

Zeit des Neubeginns

Nach dem Ende des Krieges standen die Ursulinen wieder einmal vor einem Neuanfang. Da Bedarf an Schulen bestand und die Ursulinen politisch unverdächtig waren, gelang es ihnen, in den westlichen Besatzungszonen relativ schnell, wieder Fuß zu fassen. Zum Teil begannen sie bereits 1945, den schwierigen äußeren Bedingungen zum Trotz und mit einfachsten Mitteln, mit dem Unterricht.
In den polnisch und sowjetisch verwalteten Ostgebieten war die Situation weit prekärer. Im Zuge der Ausweisung der Deutschen aus Ostpreußen und Schlesien mußten auch die Ursulinen aus Danzig, Breslau, Liebenthal, Ratibor und Schweidnitz ihre Häuser verlassen. Zum Teil unter großen Schwierigkeiten gelangten sie in den Westen, wurden dort zunächst von verschiedenen Ursulinenklöstern aufgenommen und bemühten sich in den folgenden Jahren um die Gründung eigener Niederlassungen und Schulen. Auf diese Art entstanden die Ursulinenkonvente

in Wipperfürth, Bielefeld, Glücksburg/Ostsee, Offenbach am Main und Mannheim.
In Erfurt, das zur sowjetischen Besatzungszone gehörte, erhielten die Schwestern lediglich den Kindergarten und den Hort zurück, durften jedoch keine Schule mehr eröffnen. Religionsunterricht an Schulen war verboten, und das Gebäude der (ehemaligen) Ursulinenschule wurde fortan von öffentlichen Schulen genutzt. Dies änderte sich auch nicht nach der Gründung der DDR. Die mehr als vierzig Erfurter Schwestern mußten sich für die Zukunft ein anderes Tätigkeitsfeld suchen. Sie unterhielten weiterhin ein Pensionat, in dem Mädchen wohnten, die in der Stadt zur Schule gingen, halfen in der Pfarrseelsorge und begannen mit der Schulung von Schwestern anderer Ordensgemeinschaften für die Arbeit in Kindergärten.
Daraus entwickelte sich Ende der vierziger Jahre das »Diözesanseminar für Seelsorgehilfe und Caritas«, dem später ein eigener Zweig für die Ausbildung von »Erzieherinnen im kirchlichen Dienst« angegliedert wurde. Nach der politischen Wende und der Vereinigung der beiden Teile Deutschlands wurde das Erfurter Seminar in eine staatlich anerkannte Fachschule für Sozialpädagogik umgewandelt. Zum Schuljahr 1992/93 konnte dann im Schulgebäude des Klosters auch wieder eine höhere Schule eingerichtet werden, ein katholisches Gymnasium in der Trägerschaft des Bischöflichen Amtes Erfurt-Meiningen.
Die Nachkriegszeit war zunächst vom inneren und äußeren Wiederaufbau der Klöster und Schulen geprägt, dann aber auch von dem Aufbruch innerhalb der katholischen Kirche in den sechziger Jahren, dessen Höhepunkt das Zweite Vatikanische Konzil (1962–1965) bildete. Die mit dem Konzil angebahnte liturgische Erneuerung und vor allem die Reform des Ordenswesens brachten für die Ursulinen als Ordensfrauen einschneidende Veränderungen,

angefangen beim Gebrauch der Landessprache in der Liturgie und beim Breviergebet bis hin zur Aufhebung der traditionellen Standesunterschiede zwischen eigentlichen Nonnen und Laienschwestern, nach außen hin manifestiert in der einheitlichen Anrede aller Nonnen mit dem Titel »Schwester« statt der früheren Unterscheidung zwischen »Mater« und »Schwester«.

Wegweisend für das neue Selbstverständnis der Ursulinen wurde der Grundsatz, daß Ordensleben nicht »Weltflucht«, sondern »Leben mit der Welt in Christus« bedeuten solle – ein Grundsatz, der eigentlich nicht neu war, sondern an die ursprüngliche Absicht Angela Mericis anknüpfte. Ein wichtiger Schritt dazu war die kirchenrechtliche Neuregelung der Klausurvorschriften: Die Ursulinen benötigen seither nicht mehr für jedes Verlassen des Klosters eine formelle Dispens, sondern können ihren Interessen und den Notwendigkeiten entsprechend das Kloster verlassen.

Äußerlich erkennbar wurde diese »Hinwendung zur Welt« auch in der Änderung der Tracht. Nach nicht geringen ordensinternen Auseinandersetzungen entschied man sich für eine einfachere und leichtere Kleidung, durch die die lange, faltenreiche, aus dickem Wollstoff gefertigte traditionelle Tracht ersetzt wurde. Darüber hinaus wurde es den Schwestern freigestellt, ganz auf die Tracht zu verzichten und statt dessen schlichte »normale« Kleidung zu tragen. Die Oberin des Dorstener Konvents, Schwester Maria Brüning, erläuterte dies 1968, indem sie die apostolische Aufgabe der Ursulinen und die ursprüngliche Intention Angela Mericis in den Blick rückte: »Als apostolisch tätiger Orden haben wir seit langem überlegt, ob wir unsere Aufgabe mitten in der Welt nicht zeitentsprechender durchführen könnten, wenn wir uns auch äußerlich der großen Zahl unserer [›weltlichen‹] Mitarbeiterinnen angleichen würden. Wir haben heute erkannt, daß wir alle das gleiche Ziel anstreben und als Volk Gottes miteinander auf dem gleichen Weg sind... Damit greifen wir zurück auf die Absicht der Stifterin unseres Ordens, der hl. Angela, die kein äußeres Kennzeichen wollte, sondern das glaubhafte und verstehbare Zeugnis christlichen Lebens.«

Die Ursulinen heute

Im Geist des Konzils wurden seit 1967 auch die Ordenskonstitutionen überarbeitet. Leitlinien waren dabei die Orientierung an der »apostolischen Tätigkeit für die Welt und in der Welt« als zentraler Aufgabe der Ursulinen, der Grundsatz, daß die Konstitutionen im Sinne von »Weisungen« angesichts der sich ständig ändernden Welt weit gefaßt werden und nur Übergeordnetes und Wesentliches aussagen sollen, und schließlich die Notwendigkeit der verantwortungsvollen Mitarbeit jeder einzelnen Schwester für das Ganze. Nach langjährigen Diskussionen wurde schließlich die Neufassung verabschiedet, die 1987 von Rom endgültig bestätigt wurde.
Der »Verband selbständiger deutscher Ursulinenklöster« war 1964 kirchenrechtlich in eine Föderation päpstlichen Rechts umgewandelt worden. Die Statuten wurden in den folgenden Jahren überarbeitet und 1971 vom Papst approbiert. Auch einige Klöster aus dem deutschsprachigen Ausland schlossen sich der »Föderation deutschsprachiger Ursulinen«, wie der neue Name seither lautet, an: Bruneck in Italien sowie Graz und Innsbruck in Österreich. Nicht zur Föderation gehören in Deutschland der zu den »Doler Ursulinen« Anne de Xainctonges angeschlossene Konvent in Villingen-Schwenningen sowie die Ursulinen von Calvarienberg-Ahrweiler mit ihren Filialen in Aachen, Krefeld und Trier. Die Kongregation von Calvarienberg-Ahrweiler erlebte 1987 einen Höhepunkt, als ihre ehe-

malige Mitschwester Blandine Merten (1883–1918) aus Düppenweiler/Saar seliggesprochen wurde. In Ahrweiler wurde als Informationszentrum das »Blandinenarchiv« eingerichtet.

In dem nach wie vor wichtigsten Aufgabenfeld der Ursulinen, den Schulen, kam es zu entscheidenden Veränderungen. Die Bildungsexpansion seit den sechziger Jahren, die rasante Zunahme der Schülerzahlen und der Ausbau des Schulsystems, besonders im Hinblick auf die höheren Schulen, stellte die Ursulinen vor neue Herausforderungen. Ursulinenschulen gehörten zu den ersten, die neue pädagogische Modelle und Reformkonzepte erprobten; frühzeitig wurde die »reformierte Oberstufe« eingeführt, begleitet vom allmählichen Übergang zur Koedukation. Viele Ursulinenschulen sind heute keine reinen Mädchenschulen mehr.

Der räumliche und institutionelle Ausbau der Schulen machte auch eine Erweiterung des Lehrerkollegiums notwendig, die für das Selbstverständnis der Ursulinen nicht unproblematisch ist. Die Ursulinen hatten bei Bedarf auch früher schon »weltliche« Lehrer und Lehrerinnen eingestellt. Da eigener Ordensnachwuchs fehlt, die Schulen jedoch wesentlich vergrößert worden sind, bilden die Ursulinen heute unter den Lehrenden ihrer Schulen nur noch eine meist kleine Minderheit.

Die Zukunft der Ursulinen, gerade in Deutschland oder Europa, ist offen. Weltweit gibt es heute 24 000 Ursulinen, von denen etwa ein Drittel in »Weltlichen Instituten« leben. Es besteht kein zentralisierter Zusammenschluß. Zur großen »Familie« der Ursulinen gehören vielmehr zahlreiche voneinander unabhängige Niederlassungen sowie unterschiedlich große Gruppierungen oder Zusammenschlüsse, die sich nach historischen oder geographischen Kriterien gebildet haben. Die größte Gruppe bilden die Ursulinen der Römischen Union mit 265 Häusern und etwa 3500 Ordensfrauen. Demgegenüber erscheint die Föderation deutschsprachiger Ursulinen geradezu klein: Ihr gehören in 29 Konventen und sechs Filialklöstern etwa 650 Schwestern an. Dazu kommen in Deutschland die nicht zur Föderation gehörenden etwa hundert Schwestern der Kongregation von Calvarienberg-Ahrweiler. Der Schwerpunkt der Ursulinen liegt, wie bei anderen Ordensgemeinschaften auch, heute in den außereuropäischen Ländern. Besonders in Europa leiden viele Konvente an Überalterung, Nachwuchssorgen stellen ihre Weiterexistenz in Frage.

Die Krise, in der sich die katholische Kirche allgemein heute befindet, hat auch das Selbstverständnis der Ursulinen ins Wanken gebracht. Viele tun sich ebenso wie andere katholische Christen damit schwer, sich mit einer Kirche zu identifizieren, die in ihrer Haltung zu gesellschaftlich relevanten Themen wie Fragen der Sexualethik oder des Geschlechterverhältnisses wie auch im Hinblick auf ihre eigenen hierarchischen Strukturen als allzu konservativ und unzeitgemäß erscheint.

Zudem wird es immer problematischer, den bislang genuin ursulinischen Bereich, die Schulen, langfristig weiterzuführen. Immer mehr Kommunitäten in Deutschland sehen sich dazu nicht mehr in der Lage. Zum einen scheint es schwierig, bei dem geringen Anteil an Lehrkräften aus den eigenen Reihen den Schulen noch ein besonderes »ursulinisches« Gepräge zu geben, zum anderen haben sich bei den Ursulinen selbst auch die Interessen verschoben. Viele ziehen es vor, in der Seelsorge oder im sozialpädagogischen Bereich tätig zu sein. Dazu kommt die grundsätzliche Frage, wie weit die traditionelle Ordensform für heutige Menschen noch »lebbar« sein kann, welche Alternativen sich anbieten und wie weit die eigene Tradition neu verstanden werden kann.

»Und wenn es sich gemäß den Zeiten und Bedürfnissen

ergeben sollte, etwas neu zu ordnen oder etwas anders zu machen, tut es klug und nach guter Beratung... Seid dessen gewiß, daß... Jesus Christus diese Gemeinschaft niemals verlassen wird, solange die Welt besteht... Glaubt daran, zweifelt nicht, habt feste Zuversicht, daß es so sein wird... Wenn ihr diese und ähnliche Weisungen treu ausführt, wie es euch der Heilige Geist je nach Zeiten und Umständen eingeben wird, dann freut euch und seid guten Mutes« – so steht es im letzten Testament Angela Mericis. Die Ursulinen heute, selbstbewußte Frauen in der Tradition Angela Mericis – wieder einmal befinden sie sich in einer Zeit des Umbruchs. Vielleicht müßte es erneut ein Aufbruch werden?

TESTAMENTO
DELLA REVERENDA
MADRE SVOR
ANGELA.

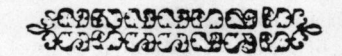

IN BRESCIA.

Appresso gli heredi di Damian Turlini. 1574.

Titelblatt der 1574 bei Damiano Turlino in Brescia gedruckten Ausgabe des »Testaments« Angela Mericis.

Anhang

Chronologischer Überblick

1470/1475(?)	Angela Merici wird in Desenzano am Gardasee geboren.
Um 1490(?)	Nach dem Tod ihrer Eltern und ihrer Schwester zieht sie zu Verwandten mütterlicherseits nach Salò. Dort tritt sie in den Dritten Orden der Franziskaner ein.
1516	Im Auftrag der Franziskaner geht Angela Merici nach Brescia.
1517–1529	Sie lebt in Brescia im Hause des Kaufmanns Antonio Romano, in der Nähe der Kirche Sant'Agatha.
Vor 1524	Zusammen mit Antonio Romano reist sie nach Mantua zum Grab der Mystikerin Osanna Andreasi.
1524	Ebenfalls mit Antonio Romano sowie mit ihrem Neffen Bartolomeo Biancosi unternimmt sie eine Pilgerreise nach Jerusalem.
1525	Anläßlich des Heiligen Jahres reist sie nach Rom und erhält eine Audienz bei Papst Klemens VII.
1528/1529(?)	Sie macht eine Wallfahrt zum »Sacro Monte« in Varallo.
1529	Vor der Bedrohung Brescias durch die Armee Karls V. flieht sie mit Agostino und Ippolita Gallo nach Cremona.
1530	Rückkehr nach Brescia; Angela Merici wohnt zunächst im Hause Agostino Gallos, dann in der Nähe der Kirche San Barnaba und schließlich (spätestens seit 1532) in einem Zimmer bei der Kirche Sant'Afra.
1532	Zusammen mit Agostino und Ippolita Gallo reist sie zum zweitenmal nach Varallo.
1535	Am 25. November gründet sie mit 28 Frauen die »Gesellschaft der heiligen Ursula«, die Ursulinen.
1536	Am 8. August wird die von ihr verfaßte und von Gabriele Cozzano aufgezeichnete »Regel« der Gesellschaft vom Bischof von Brescia approbiert.

1537	Am 18. März wird Angela Merici zur Oberin (»Madre«) der Gesellschaft auf Lebenszeit gewählt.
1539	Sie erkrankt schwer. Als ihr Vermächtnis diktiert sie Cozzano die »Arricordi« und das »Testament«.
1540	Angela Merici stirbt am 27. Januar. Sie wird in Sant'Afra beigesetzt.
1544	Die »Regel« der Ursulinen wird durch Papst Paul III. approbiert.
1568	Im Hinblick auf die Einleitung eines Heiligsprechungsprozesses werden durch den Notar Giovan Battista Nazari in Brescia Aussagen von Zeitgenossen Angela Mericis aufgezeichnet (»Prozeß Nazari«).
1592	In L'Isle-sur-la-Sorgue (in der Nähe von Avignon) wird die erste französische Ursulinengemeinschaft gegründet. In den folgenden Jahren kommt es zu zahlreichen weiteren Gründungen in Frankreich. Einflußreich werden vor allem Paris (1604) und Bordeaux (1606).
Seit 1612	Die Ursulinengemeinschaften werden in eigentliche Klöster umgewandelt.
1639	In Köln wird das erste deutsche Ursulinenkloster gegründet.
1768/1807	Angela Merici wird selig- und heiliggesprochen. Festtag: 27. Januar.
1832	In Tildonck bei Löwen wird ein eigener Zweig von Ursulinen gegründet.
1876–1888	Im Zuge des Kulturkampfes werden die Ursulinenklöster und -schulen aufgelöst.
1900	Französische und italienische Ursulinen gründen die »Römische Union«.
1907	Deutsche Ursulinen schließen sich im »Verband selbständiger deutscher Ursulinenklöster« zusammen.
1933–1945	Unter der nationalsozialistischen Herrschaft werden die meisten Ursulinenschulen und -klöster aufgehoben.
1971	Die »Föderation deutschsprachiger Ursulinen« wird eingerichtet.
1987	Die Neufassung der Ordenskonstitutionen (»Weisungen«) wird von Rom approbiert.

Föderation deutschsprachiger Ursulinen
(Stammkarten der Klöster)

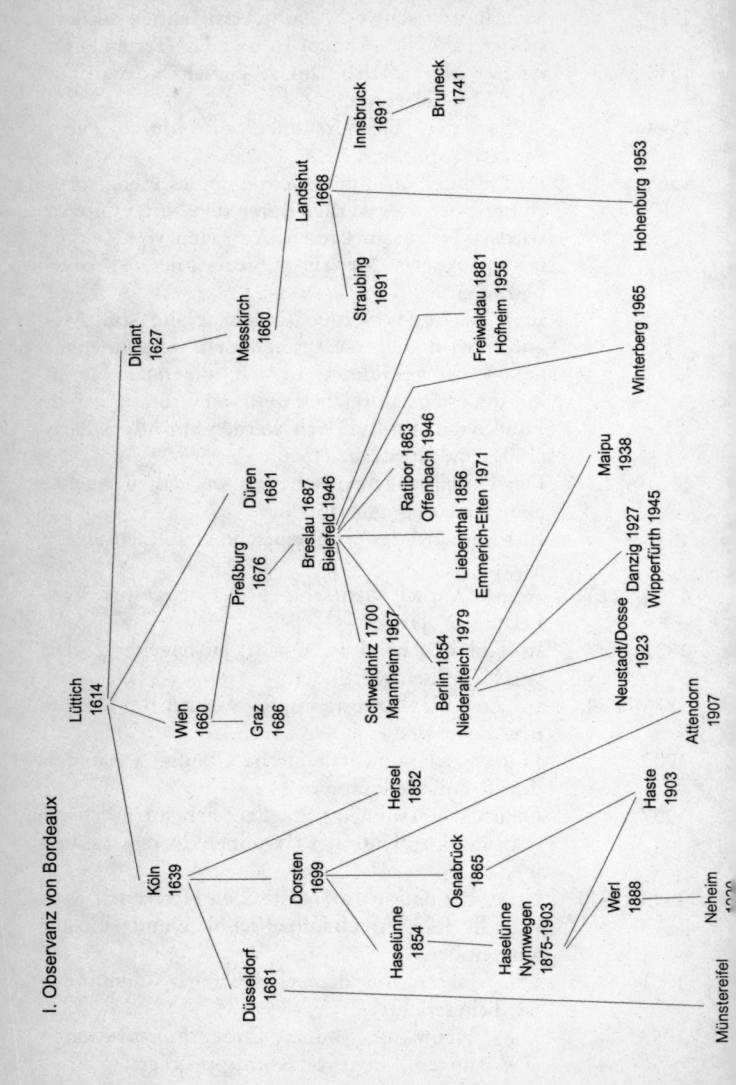

I. Observanz von Bordeaux

- Lüttich 1614
  - Dinant 1627
    - Messkirch 1660
      - Landshut 1668
        - Innsbruck 1691
          - Bruneck 1741
        - Straubing 1691
        - Hohenburg 1953
  - Wien 1660
    - Preßburg 1676
    - Graz 1686
    - Düren 1681
  - Breslau 1687 / Bielefeld 1946
    - Schweidnitz 1700 / Mannheim 1967
    - Ratibor 1863 / Offenbach 1946
    - Liebenthal 1856 / Emmerich-Elten 1971
    - Berlin 1854 / Niederalteich 1979
      - Neustadt/Dosse 1923
      - Danzig 1927 / Wipperfürth 1945
      - Maipu 1938
    - Freiwaldau 1881 / Hofheim 1955
    - Winterberg 1965
  - Köln 1639
    - Hersel 1852
    - Dorsten 1699
      - Haselünne 1854
      - Osnabrück 1865
        - Haste 1903
        - Attendorn 1907
      - Haselünne Nymwegen 1875-1903
        - Werl 1888
          - Neheim 1920
    - Düsseldorf 1681
    - Münstereifel

140

II. Observanz von Paris

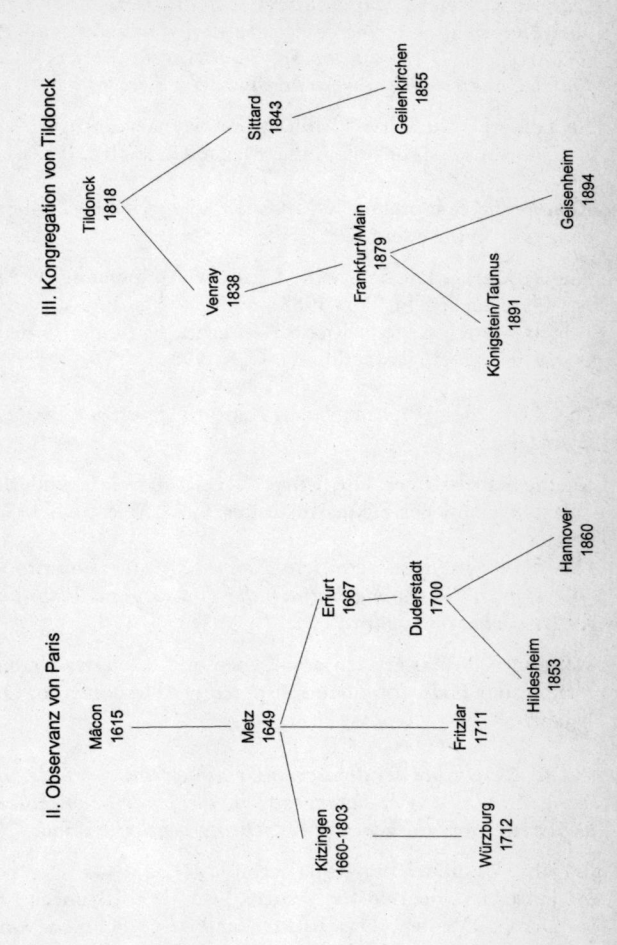

- Mâcon 1615
  - Metz 1649
    - Erfurt 1667
      - Duderstadt 1700
        - Hannover 1860
        - Hildesheim 1853
    - Kitzingen 1660-1803
      - Würzburg 1712
    - Fritzlar 1711

III. Kongregation von Tildonck

- Tildonck 1818
  - Sittard 1843
    - Geilenkirchen 1855
  - Venray 1838
    - Frankfurt/Main 1879
      - Königstein/Taunus 1891
      - Geisenheim 1894

Quellen und Literatur

Das umfangreiche Standardwerk auf der Grundlage neuester Forschungen zur Geschichte Angela Mericis und der Frühzeit der Ursulinen, in dem auch die Schriften Angela Mericis sowie die Quellen aus dem 16. Jahrhundert kritisch ediert sind, ist:

Luciana Mariani / Elisa Tarolli / Marie Seynaeve, Angela Merici. Contributo per una biografia, Mailand 1986 (frz. 1987).

Kommentierte kritische Ausgaben der Schriften Angela Mericis in deutscher Sprache sind:

Angela Merici, Die Schriften. Kritische Ausgabe, hg. v. Ansgar Faller, Einsiedeln, Trier 1988. JOG E-3/203
Angela Merici, Regel – Ricordi – Legati, hg. v. der Föderation deutschsprachiger Ursulinen, Werl 1992.

Die Akten des »Prozeß Nazari« sind in deutscher Sprache gedruckt in:

Kaethe Seibel-Royer, Die heilige Angela Merici. Gründerin des ersten weiblichen Säkularinstitutes, Graz, Wien, Köln 1966.

Die 1989 von Rom bestätigte Neufassung der Konstitutionen (»Weisungen«) sowie die Statuten der Föderation deutschsprachiger Ursulinen sind gedruckt in:

Weisungen für das gemeinsame Leben im Orden der Ursulinen, hg. v. der Föderation deutschsprachiger Ursulinen, o. Ort, o. Jahr.

Für die Geschichte der deutschen Ursulinenklöster wurden historische Abhandlungen herangezogen, die in den von einzelnen Konventen herausgegebenen Festschriften enthalten sind:

100 Jahre Ursulinen in Berlin (Berlin 1954).
250 Jahre Ursulinenkloster Bruneck 1741–1991 (Bruneck 1991).
St. Ursula Dorsten, Das Kloster und seine Schulen von der Gründung bis zur Gegenwart. Eine Chronik (Dorsten 1982).
1681–1981 St.-Angela-Schule Düren, 300 Jahre Ursulinen in Düren (Düren 1981).

300 Jahre Ursulinen in Düsseldorf 1681–1981 (Düsseldorf 1981).
Ursulinenkloster Erfurt. 325 Jahre Ursulinen (Erfurt 1992).
Ursulinen in Köln 1639–1989. Festschrift zum 350jährigen Bestehen der Ursulinenschule Köln (Köln 1989).
100 Jahre Ursulinen Frankfurt/Main, Königstein/Taunus. Festschrift des Ursulinenklosters St. Angela, Königstein im Taunus (Königstein/Taunus 1980).
Ursulinenkloster Niederalteich. Zum 125jährigen Bestehen des Konvents (Niederalteich 1980).
Festschrift zur Feier des hundertjährigen Bestehens des Ursulinenkonvents Ratibor – Offenbach 1863–1963 (Offenbach 1963).
300 Jahre Ursulinen in Straubing 1691–1991 (Straubing 1991).
100 Jahre Ursulinen in Werl 1888–1988 (Werl 1988).

Weitere Literatur in alphabetischer Reihenfolge:

Philippe Annaert, Les collèges au féminin. Les Ursulines: enseignement et vie consacrée aux XVIIe et XVIIIe siècles, Namur 1992.
Gisela Bock, Frauenräume und Frauenehre. Frühneuzeitliche Armenfürsorge in Italien, in: Frauengeschichte – Geschlechtergeschichte, hg. v. K. Hausen/H. Wunder, Frankfurt am Main, New York 1992.
Peter Burke, Städtische Kultur in Italien zwischen Hochrenaissance und Barock. Eine historische Anthropologie, Berlin 1987.
Antonio Cistellini, Figure della Riforma Pretridentina, Brescia 1979 (Nachdruck mit Anhang der Ausgabe von 1948).
Anne Conrad, Merici, Angela, in: Biographisch-Bibliographisches Kirchenlexikon, hg. v. F. W. Bautz, Bd. 5, Herzberg 1993.
Anne Conrad, Zwischen Kloster und Welt. Ursulinen und Jesuitinnen in der katholischen Reformbewegung des 16./17. Jahrhunderts, Mainz 1991 (= Veröffentlichungen des Instituts für Europäische Geschichte Mainz, Abt. Religionsgeschichte, 142).
Maria Petra Desaing, Angela Merici, Persönlichkeit und Auftrag, Stein am Rhein 1976.

Marie de Chantal Gueudré, Histoire de l'Ordre des Ursulines en France, 3 Bde., Paris 1958–64.

Jahrbuch des Verbandes selbständiger Ursulinenklöster. Beiträge zur Darstellung und Geschichte des Ursulinenordens, hg. vom Ursulinenkloster in Berlin, 10 Bde., Berlin 1926–37.

Thérèse Ledóchowska, Angèle Merici et la compagnie de Ste-Ursule à la lumière des documents, 2 Bde., Rom, Mailand 1967.

Die Legenda Aurea des Jacobus de Voragine, aus dem Lateinischen übersetzt von R. Benz, Darmstadt, 10. Aufl. 1984.

M. Vincentia Neusee, Geschichte der hl. Angela Merici und des von ihr gestifteten Ordens der Ursulinen, bearbeitet von einer Ursuline, Innsbruck 1893.

Elisabeth Rapley, The Dévotes. Women and Church in Seventeenth Century France, Montreal 1990.

Michael Riemenschneider, Der Calvarienberg zu Ahrweiler zwischen Anpassung und Widerstand 1933–1945, Bad Neuenahr-Ahrweiler, 2. Aufl. 1991.

Angela Veit, Angela Merici (ca. 1474–1540), in: Frauen des Glaubens, hg. v. P. Imhof, Würzburg 1985.

450 Jahre Ursulinen. Hg. von der Föderation deutschsprachiger Ursulinen, Werl 1985.

450 Jahre Ursulinen. Katalog zur Ausstellung in der Diözesan- und Dombibliothek. Hg. v. Konvent der Kölner Ursulinen, Sr. Mechtild Mai, Köln 1985.

Barbara Weber, Die Geschichte der Kölner Ursulinenschule von 1639–1875, Köln 1930.

Frank Günter Zehnder, Sankt Ursula. Legende, Verehrung, Bilderwelt, Köln, 2. Aufl. 1987.